基于人工智能视角的高校教育管理
与信息化教学研究

张 伟 丁 彦 著

北京工业大学出版社

图书在版编目（CIP）数据

基于人工智能视角的高校教育管理与信息化教学研究／
张伟，丁彦著 . — 北京 ： 北京工业大学出版社，2021.4（2022.10 重印）
　　ISBN 978-7-5639-7920-2

　　Ⅰ . ①基… Ⅱ . ①张… ②丁… Ⅲ . ①高等教育－教
育管理－研究②计算机辅助教学－教学研究－高等学校
Ⅳ . ① G640 ② G434

中国版本图书馆 CIP 数据核字（2021）第 081811 号

基于人工智能视角的高校教育管理与信息化教学研究

JI YU RENGONG ZHINENG SHIJIAO DE GAOXIAO JIAOYU GUANLI YU XINXIHUA JIAOXUE YANJIU

著　　者：张 伟 丁 彦
责任编辑：李俊焕
封面设计：知更壹点
出版发行：北京工业大学出版社
　　　　　　（北京市朝阳区平乐园 100 号　邮编：100124）
　　　　　　010-67391722（传真）　　bgdcbs@sina.com
经销单位：全国各地新华书店
承印单位：三河市元兴印务有限公司
开　　本：710 毫米 ×1000 毫米　1/16
印　　张：11.25
字　　数：225 千字
版　　次：2021 年 4 月第 1 版
印　　次：2022 年 10 月第 2 次印刷
标准书号：ISBN 978-7-5639-7920-2
定　　价：65.00 元

作者简介

张伟，男，1985年出生，江苏省盐城市人，毕业于江苏师范大学，硕士，现任常州机电职业技术学院教育技术科科长，助理研究员。研究方向：教育信息技术传播与管理、教育影视等。主持并完成省高校哲学社会科学研究基金项目两项，发表论文十余篇，先后被评为江苏省教育信息化优秀工作者、校优秀教职工、优秀共产党员等。

丁彦，女，1985年出生，江苏省常州市人，毕业于江苏师范大学，硕士，现任常州机电职业技术学院讲师。研究方向：数字媒体、影视传播。主持并完成省高校哲学社会科学研究基金资助项目两项、省职业教育教学改革研究课题一项，发表论文十余篇。

前　言

　　高校教育管理工作是高校发展的重要保证，也是提高大学生素质的基础，要加以重视。目前，虽然高校对学校教育管理工作十分重视，但在信息化时代，现有的教育管理机制还是存在一些问题，因此高校要对教育管理工作进行创新，如丰富高校教育管理的内容、创新高校教育管理的制度、创新高校教育管理的理念和重视高校教育管理的信息化建设，以及加强高校教育管理专业队伍的建设等，这样可以使学生感到被尊重，更有积极性，教师也能更好地进行教学，增强自身的责任感。

　　时代的发展驱动教育的变革，人工智能与教育相互融合也越来越成为研究者关注的热点。人工智能时代的高校教学变革也将会掀起人类高校教育史上的又一次课堂革命。在教育信息化与课堂教学深度融合的趋势下，加上信息技术和人工智能技术的迅猛发展，传统课堂教学受到越来越明显的冲击和影响。本书利用了案例分析法和访谈法，探究人工智能在教学评价、教学环境、教学内容和教学目标等层面对教育产业整体产生的影响和变化，进而针对人工智能发展阶段的高校教学变革提出新的看法。

　　全书共五章。第一章为绪论，阐述了高校教育管理概况、我国高校教育管理智慧化发展、我国高校教育管理的机制创新以及我国高校教育管理发展的对策等内容；第二章为人工智能背景下的高校教育管理信息化，包含人工智能概述、人工智能背景下高校教育管理信息化的发展、高校教育管理信息化过程中存在的问题及解决策略以及高校教育管理信息化的实现路径等内容；第三章为人工智能时代高校教育管理模式改革，阐述了基于人工智能的高校教育管理模式改革、基于人工智能的高校教育管理模式改革的必要性以及基于人工智能的高校教育管理模式改革的基本途径等内容；第四章为人工智能时代的高校信息化教学，阐述了基于人工智能视角的高校信息化教学模式构建、基于人工智能视角的高校教学模式变革以及基于人工智能视角的高校信息化教学发展策略与创新建议等内容；第五章为人工智能时代的高校教学变革，阐述了人工智能时代高校教学变革的理论基础、人工智能时代的新教育技术对高校教学变革的影响、人工智能的基本特征及对高校教学变革的意义以及人工智能时代教学活动要素的变革及新理念等内容。

在当今的高校教育中，教育管理实现信息化可以促进管理升级从而实现跨越式的发展。教育管理的重点对象是人，说到底还是为了更好地服务于学生，帮助学生提高自己的综合素质和能力。目前高校实现信息化管理已经成为趋势，也是高校进行改革的方向。高校信息化建设是必然趋势，其也是符合时代发展的重要教育改革机制。为了更好地适应教育管理机制，高校教育管理者要不断加强人才队伍的建设以及完善体制，从整体上把握教育管理工作，为教育管理工作的开展奠定良好的基础。

由于作者水平有限，书中难免存在不足之处，恳请广大读者批评指正。

目　录

基于人工智能视角的高校教育管理与信息化教学研究

第五章 人工智能时代的高校教学变革 ……………………………… 134

第一节 人工智能时代高校教学变革的理论基础 ………………… 134

第二节 人工智能时代的新教育技术对高校 ……………………… 137

教学变革的影响 ………………………………………………… 137

第三节 人工智能的基本特征及对高校教学变革的意义 ………… 145

第四节 人工智能时代教学活动要素的变革及新理念 …………… 151

参考文献……………………………………………………………… 170

2

第一章 绪 论

　　教育管理就是管理者通过组织协调教育队伍，充分发挥教育人力、财力、物力等的作用，利用教育内部各种有利条件，高效率地实现教育管理目标的活动过程，是国家对教育系统进行组织协调控制的一系列活动。教育管理是高校管理工作的重要环节之一，也是高校管理中相对复杂的一项。高校教育管理不仅是对各种教育相关设施设备进行的管理，更是对所有教育活动、教育计划的管理，即高校管理部门在领导者的指导下，运用科学的方法，对各组织进行规划、指导、监督、协调，达到对有限的教育资源的合理配置，来实现教育质量提高、办学效益增进、教学秩序稳定、办学条件提升等目标，以此来促进教育事业发展。

第一节　高校教育管理概况

　　高校教育管理包括教学管理、学生管理、科研管理、师资管理、物资管理、财务管理以及服务管理等内容，其中教学管理、学生管理和科研管理是重点。

一、本质介绍

　　高校教育管理的根本旨趣，就是通过教育和涵养、熏陶和浸染、培养与赋能，使学生具有发现幸福、创造幸福和体验幸福的能力，使学生更加优秀。可以说，优秀和幸福是高校教育管理所有的价值所在。

（一）高校教育的本质

　　教育的本质是什么？西塞罗认为，教育的目的并非让学生适应现实，而是让学生摆脱现实的奴役。蒙田说：学习不是为了适应外界，而是为了丰富自己。卢梭提出"教育即生长"，即要使每个人的天性和与生俱来的能力得到健康成长，而不是把外在的东西如知识灌输进一个容器。卢梭指出生长是教育的唯一目的，除此无它，"只有一门学科是必须教给孩子的，这门学科就是做人的天职。这门学科是一个整体……导师的责任不是交给孩子行为的准绳，他的责任是促使

1

他们去发现这些准绳。"如果用生长的观点看教育，那么教育的每个阶段都有自身的价值，每个阶段的价值都应该实现。卢梭认为每个人的一生都要有三种教育：受之于自然、受之于人、受之于事物，只有这三种教育配合一致，教育才能成功。受之于人的教育是我们能真正控制的，教育的本质就是促进人的全面成长，使之天性和潜能得到展现。

哈佛大学前校长德雷克·博克曾说过："几乎普遍被认可的本科教育目标就是——批判性思维、交际能力、种族宽容心、道德观发展、全球视野以及广博的知识，都有助于学生责任感的养成。"怀特海认为，抛开了教科书和听课笔记，忘记考试要背的细节，剩下的才是教育。爱因斯坦认为教育的目的是培养独立思考和判断的总体能力，他主张向教育争自由，不要学生去做各门功课皆优的"好学生"。当然，在当前时期，教育要面向世界、面向未来、面向现代化，教育作为社会机构，具有培养社会需要的人才的功能和使命，更有甚者，提出专业要按市场需求设置，就业要以市场为导向。教育是人与社会关系的中介，人与社会是教育的两端。

教育的本质是培养人的活动，人是教育的对象，教育促进人的发展和人的社会化；教育在一定的社会环境中进行，社会为教育提供物质和精神教育资源。人的发展和社会的发展是一致的，因此教育促进人的发展和促进社会的发展功能具有本质上的一致性。促进人的发展，即德、智、体、美、劳诸要素的关系，是教育的内部关系；教育与社会经济、政治、文化的关系，是教育的外部关系。但是，从根本上来讲，教育是帮助受教育的人，给他发展自己的能力，完善他的人格，即润泽生命、开启智慧。归根到底，教育者还是要守护他的精神高地、守护他的内心。一个人的内心感觉是否幸福、是否宁静、是否有力量，从某种意义上来讲，最终还是要回归教育本质、回归幸福本质、回归爱的本质。正如周国平先生所讲的，"教育应使受教育者现在的生活是幸福而有意义的，并以此为幸福而有意义的一生创造良好的基础"。高校是学生进入社会前的最后一站，是培养"大学之人"的摇篮。

（二）管理的本质

管理是一种普遍存在的、非常重要的社会现象，是组织的手段和工具，是一个组织生存和发展的必要条件。学术界从不同角度对管理进行了定义，可谓仁者见仁、智者见智。张俊伟认为，"管"既包含疏通、引导、促进、肯定、打开之意，又包含限制、规避、约束、否定、闭合之意。"理"包含合理、顺理的意思。管理犹如治水，疏堵结合、顺应规律而已。所以，管理就是合理的疏与堵的思维与行为。管理的本质就是变无把握为有把握，即增大成功的确定性。泰罗认为："管理就是确切地知道自己要别人干什么，并使他用最好的方法去干。"诺贝尔经济学奖获得者赫伯特·西蒙对管理的定义是："决策是管理的心脏；管理是由一系列决策组成的；管理就是决策。"2002 年美国"总统自由勋章"获得者德鲁克认为："管理是一种工作，它有自己的技巧、工具和方法；管理是一种器官，是赋予组织以生命的、能动的、动态的器官；管理是一门科学，一种系统化的并到处适用的知识；同时管理也是一种文化，是一门真正的综合艺术。"管理过程学派代表人物亨利·法约尔认为：管理是指在特定的环境条件下，以人为中心，对组织所拥有的人力、物力、财力、信息等资源进行有效的决策、计划、组织、领导、控制，以期高效地达到既定组织目标的过程。法约尔提出"管理即预见"的论断。综上所述，管理是指应用科学的手段安排组织社会活动，使其有序进行。管理包括企业管理、行政管理、教育管理、情报管理、社会管理、人力资源管理等。用远流管理咨询有限公司大中华地区首席顾问詹文明的话来说："管理是观念而非技术，是自由而非控制。管理是实务而非理论，是绩效而非潜能。管理是责任而非权力，是贡献而非升迁。"其以哲学的眼光道出了现代管理的真谛。管理的目标追求是使各类资源效益最大化，即"用力少，见功多"。正如斯威夫特夸张强调的那样，"如果某人能使只长一根草的地方长出两根草，他就有理由成为比沉思默想的哲学家或形而上学体系缔造者更有用的人"。

（三）高校教育管理的本质

高校是培养身心协调发展的高素养人才的一种特殊社会组织，高校的关键业务有三项：教学、科研和管理，教学和科研目标的实现离不开科学管理，教育目标的实现，更离不开科学管理。德鲁克的亲传弟子那国毅博士说："管理的终极之善是改变他人的生活"，这对高校教育管理有重要的启示。"向管理要效益"，这不仅是企业的口号，同样也适用于高校教育管理。高校教育管理的终极之善是改善各类办学要素状态及其组合状态，共同服务于培养具有丰富精神、高尚品德、独立思考、情善意美的社会普适性人才。高校教育管理是协调高校内部各要素之间关系、内部要素与外部要素之间关系，对有限的资源进行合理配置使之与环境更相适应，从而更好地实现办学目标的重要方法和手段。高校教育管理水平，是衡量教育现代化程度的基本尺度之一，高校教育管理水平直接影响高校教育教学的水平和质量，影响高校办学目标的实现。

高校教育管理是一种特殊的管理，它的管理对象是活生生的人，高校除了财和物的管理，更重要的是人的管理——教师和学生。管理是一把"双刃剑"，管理得好了，那么被管理的人或事物就会焕发生机；管理得不好，那么被管理的人或事物就会萎靡不振，甚至死亡。管理的艺术在于借力，力的本质是能量及其特殊的存在方式。借力的关键是要增加协同力，通过密切目标接触等办法，增加动力源，促进动力释放；同时也要通过避免接触障碍的方法，减少阻力的能源，减少阻力释放。在管理也是生产力的时代，高校应树立"向管理要效益"的观念，充分认识提高高校教育管理水平对提高资源利用效率、激发师生员工教和学积极性的重要意义，不断提高管理水平和能力。

二、传统高校教育管理存在的弊端

美国著名管理学家德鲁克曾说："管理的根深植于文化、社会、价值、传统、风俗、信念、政府与制度中。"传统高校教育管理模式在管理理念、管理制度、管理内容和管理方法上都呈现刚性管理的特点。传统高校教育管理存在诸多问题：把组织当作一个静态的结构，过分强调管理制度化、模式化、标准化，强调刚性管理而忽视柔性管理，强调服从和遵守而忽视人的自主性，这些都与现代管理格格不入，不利于大学生的发展和教师的职业发展。

（一）人文不足

大学传承的是文化，研究的是学术，崇尚的是真理，生产的是人才，塑造的是品质，萌发的是理想，培养的是能力，熔铸的是精神，服务的是社会。高校的本质是一个社会文化的机构，文化与大学如影随形，文化犹如大学的灵魂，决定大学的走向和品位；文化亦如阳光与空气，影响大学师生的思维与言行；文化亦如血液，浸润大学肌体并促进其健康发展。高校的管理者、施教者是人，教育的对象是人，教育的目标是"成人"，教育的途径应是"以文化人"。大学文化对大学师生追求真善美的行为有着重要的促进作用，主要体现在文化对德行的浸润、营养。然而，传统高校学生人文精神缺失，重知识轻素质，重技能轻品德，当然原因是综合的，其中传统高校教育管理方式人文性不足、刚性有余是其重要原因之一。刚性管理又称制度管理，其成本是最低的，它不考虑个性差异，更少考虑管理艺术，因此管理的质量也是不高的。刚性管理属于低层次的制约式管理，太多的条条框框会束缚师生的学习工作积极性、主动性、创造性和实效性。与刚性管理相对的柔性管理亦称人文管理，这种管理的成效也是可持续发展的，这也符合儒家提倡的"观乎人文，以化成天下"的价值主张，但是付出的管理成本包括时间、精力等更多。在高等教育内涵化发展的今天，抛弃冷冰冰的制度和冷冰冰的面孔，倡导人本管理的呼声越来越大。教师和学生都是有自己的思想、观点和追求的个体，一个以文化为灵魂的大学，其教育教学管理应无处无时不文化。高校教育管理者必须树立"以人为本"的理念，坚持"一切为了群众，一切依靠群众"的路线，更多注重组织文化的培育，形成组织共同愿景和心理契约，实现柔性管理，激发师生潜能，形成集体智慧和合作力量。这里要特别说明的是，传统高校教育管理缺乏"人气"，这种问题的形成，除了理念上、成本上的原因外，重要的是传统高校教育管理中师生活动数据不足、数据处理及分析技术上无法实现。这一切，随着大数据的来临，变得更加容易。

（二）形式单一

目前单一灌输式教育方式在部分高校中仍然存在，教育管理效果不理想。部分高校在传统教育管理中忽视了学生主体意识的激发和主体能动性的培养，仅将学生当成知识接受的被动者，学生成为没有生命和情感意志的"知识容器"，这种教育观念和教育方式产生的后果是学生缺乏对事物独立的判断力与筛选力。与此同时，目前部分高校缺乏多种形式的课外实践体验，教育管理呈枯燥性的特点。大数据时代使大学生的学习、生活和人际交往发生了巨大改变，传统高校教育管理形式单一，以管理者的权威实现被管理者的服从固然是一种管理方式，但是简单的说教已不能满足新时代大学师生的新要求。除此以外，教育管理更应加入现代化元素、紧贴时代形势，线上线下、校内校外创新性开展工作，拓展教育管理的第一教学课堂、第二活动课堂、第三实践课堂和第四网络课堂。移动应用经历了工具时代、娱乐时代、消费时代、服务时代的发展历程。腾讯公司发布的 2020 年报告显示，截至 2020 年第四季度末，微信及 WeChat 的月活跃账户数为 12.25 亿。腾讯 QQ 智能终端月活跃账户数为 5.95 亿。同时，2020 年以来，作为微信生态的核心地带，小程序连接企业微信、微信支付、微信搜一搜、微信 AI 等微信平台，持续释放商业价值与社会价值。高校教育管理要顺应时代潮流，充分利用新媒体互动等优势，坚持线上与线下相结合，理论灌输与文化熏陶相结合，利用大数据技术打造品牌教育管理载体，增强高校教育管理效果。

（三）缺乏个性

传统高校教育类似于伴随着其发展的工业化时代的教育：学生受同样的对待、使用同样的教材、做相同的习题集、保持一样的教学进度，期望"一个尺子适合所有人"的奇迹。这种运行类似于工厂装配生产线：教材相当于可替换的零件，教与学都参照统一标准、基于平均值，而无法兼顾个人喜好和需求。传统教育管理迎合的是教师和系统的要求，而不是学生的利益，这是一种同质性的教育输入。该种教育虚设一个平均水平的群体——比教室前排的优等生学得慢，但比教室后排的后进生学得快，而现实中并没有这样的一类群体。这种基于平均水平设计教育系统的做法，会损害位于正态分布曲线两侧的学生，学得快的学生会感到厌倦、学得慢的学生会感到吃力，这种教育方案其实是"一个尺寸适合少数人"的方式，而学生个体需要的则是"一个尺寸适合一个人"的方式，这样才会使个性差异和个性潜能得到彰显。哲学家卢梭认为教育错了的孩子比没有受过教育的孩子离智慧更远，他指出生长是教育的唯一目的，除此无它。以学科知识结构为核心的传统高校教育，让师生在知识"加速跑"的竞赛中迷失了方向。"知识就是力量"，但人的可持续发展需要思维能力和价值观支撑。培养"核心、素养"是21世纪各国教育改革的方向，从国际教育改革的趋势来看，众多国家把强调"国民核心素养"的课程发展视为国民教育发展的基因，法国的"共同文化"、德国的"关键能力"、美国的"核心知识"、日本的"基础学力"，以及国际学生评估项目的语文素养、数学素养、科学素养等，都是培养学生核心素养的适例。高校必须紧紧围绕立德树人的根本任务，创新育人理念，改革育人策略，注重人才的"技"与"艺"、"身"与"心"、"情"与"理"的全面协调发展。学生个性是千差万别的，教育有普遍规律，因材施教、教无定法是古代教育先哲给我们的智慧提点。传统高效率、低成本的教育已是历史的产物，在21世纪的今天，个性订制不仅用于生产，更适用于教育。

（四）反馈不足

反馈包括正反馈和负反馈，正反馈使系统更加偏离平衡位置，要想保持系统的平衡，必须将系统的输出变为输入，从而通过自身的功能减缓系统内的压力。反馈也被用于社会学、经济学、传播学、心理学、教育学等其他领域。教育管理中的反馈指的是将教育管理的动态信息反馈给管理者，从而对管理措施进行调整，以适应被管理者实际情况的一种行为。管理学中有一个重要效应叫"反馈效应"，及时反馈和远时反馈是两种周期不同的反馈，及时反馈比远时反馈具有更大的激励作用。反馈是管理目标达成的一个重要条件，然而传统高校教育管理反馈不足，缺乏共享与互动，呈现单向性和垂直性的特点。传统高校教育管理反馈依赖于固定周期的检查、考核、评比，远时反馈的特点突出，及时反馈则不足。"蝴蝶效应"不仅说明事物是普遍联系的，更说明量变会引起质变，远时反馈的结果往往已成定局，对于不好的结果再想纠正和弥补则为时已晚。学业困难、经济困难、就业困难等大学生中存在的问题，以及职业倦怠、操守不严、道德失范等高校部分教师中存在的问题，如果及时发现便可防患于未然，否则会"蝼蚁之穴，溃堤千里"。教育管理措施效果如何，它的反应度、执行度如何，不仅需要固定周期的远时反馈，更需要不拘形式的及时反馈，只有二者有机结合、功能互补，才能使教育管理收到最佳效果。传统高校教育管理是垂直式自上而下实施，管理者做到明察秋毫不仅需要强大的责任心、敬业心，更需要有先进的技术管理平台的支持。

（五）高耗低产

我国高校的办学资源除了人力资源外，还包括教育教学资源等物质资源，这里不谈人力资源特殊的资源管理，只谈物质资源。传统资源能源管理存在高耗低产现象。首先，在教育教学资源上，教学设备、实验室、报告厅、教室等，除了公共部分，都有相当部分资源被分配到二级学院或部门使用保管。有的部门资源使用率高，出现爆棚现象，有的则闲置生尘。教室、实验室资源管理模式固定不灵活，导致"一边人满为患、一边空空荡荡"的冰火两重天。另外，部分高校的用水用电还存在较大浪费的问题，节约型校园建设成效不显著。传统节能低碳措施多依赖制度节约、行为节约，而对技术节约的措施利用不足。

三、高校教育管理发展的趋势

进入21世纪，高校教育管理的水平、特点和模式都发生了巨大变化，高校教育管理现代化是其必然趋势。高校现代化的教育管理理念是先导，现代化的教育管理技术是基础，现代化的师资队伍是关键。总而言之，高校教育管理现代化是对传统高校教育管理的辩证否定，是运用现代化的策略和方法，实现内外部资源的整合与效益最大化。现代化的教育管理使人的价值和尊严得到最大限度的彰显。然而不同于企业管理、军队管理、行政管理，高校教育管理发展的趋势如下。

（一）人本化

人是一切价值的出发点、归宿和评价尺度。古希腊圣贤普罗塔戈拉提出"人是万物的尺度，是存在的事物存在的尺度，也是不存在的事物不存在的尺度"。他把人置于社会和世界的中心，肯定人的价值、树立了人的权威，这是关于人类价值的最早宣言。随后，德国哲学家尼采发出的"重估一切价值"、康德提出的"人是目的"，以及萨特提出的"人的本质就是自由"等对肯定人的价值都有着重要的意义。人本思想是中国古代管理思想的核心价值观，无论是儒家、道家还是法家、兵家，都认为人是构成国家整体的第一要素，要求把人作为管理的重心，道家提倡尊重自然的法则，也尊重人的本性。当然，西方哲学家提出的人本主义及中国古代先哲的人本思想，与今天的"以人为本"有着本质区别，西方的人本主义对科学持摒弃、否定态度，中国古代的人本思想仍将人作为统治阶级维护统治地位的权术之策。"教育过程是一个以提高每个人的自身价值为本质特征的价值追求、价值创造的活动。教育的价值就在于为每个人最大可能地实现自身价值提供基础。"按照杜威的观点，"教育的价值就是给学生一种能力去解释和控制已有的经验。"如果说，在社会历史过程中，一个相当长的历史时期内，人同时作为目的又作为手段存在的话，那么在教育的过程中，人始终是目的。教育的目标指向不是"人力"，而是"人"。高校教育管理现代化提倡的"以人为本"，则是将人作为教育管理的目的及价值归宿。学校教育管理的主体和客体都是人，其最终目标也是为了人，它通过管理主体对管理客体进行管理，最终达到教育人、发展人和完善人的目的。企业管理的对象是无生命的产品、流程和工艺，军队管理要求服从和遵守，而行政管理提倡从上到下令行禁止、使命必达的权威，高校教育管理的对象是具有较高知识涵养且自尊心强的教师和个性张扬、崇尚独立、兴趣各异的学生，"亲其师，信其道；尊其师，奉其教；敬其师，效其行"，高校的管理是为教育服务的，教化人是其归宿。人是高校教育管理活动中的首要因素和本质因素，高校在管理过程中只有坚持"以人为本"，把教师和学生放在一个主导的地位，尊重人、依靠人、为了人，充分调动广大师生员工的主动性和创造性，激发其潜能，凝聚其智慧，才能更好地促进学生发展和学校发展。

（二）信息化

信息化是高校教育管理发展的必然趋势，也是现代化的最基本特征，计算机、互联网等技术是其支撑。技术为提高高校教育管理质量、解决传统教育管理中存在的问题提供了可能。美国新媒体联盟发布的《地平线报告》指出，近期的自带设备、中期的创客空间和可穿戴技术、远期的自适应学习技术与物联网等，将对高校教育管理带来深远影响。2015 年 5 月，为了部署面向 2030 教育发展议程的全球教育信息化发展战略，联合国教科文组织在我国青岛召开了首届国际教育信息化大会，大会以"信息技术与未来教育变革"为主题，并发表了标志性成果文件《青岛宣言》，这是继世界教育论坛中发布的《仁川宣言》之后的又一重要文件。该宣言提出 2030 年前的教育目标是，实现全纳和公平优质的教育以及终身学习，宣言的主要内容包括：开放教育资源与解决方案、优质学习、终身学习、在线学习创新、在线学习质量保证和认可、监督与评估、责任感与合作伙伴关系等。2016 年 6 月，联合国教科文组织在我国青岛举行了第二届国际教育信息化大会，大会以"互联网时代的教育变革和'教育 2030 年议程'"为主题，用行动践行《青岛宣言》确定的交流合作长效机制。信息时代的到来是高科技发展的结果，这其中高校培养的科技人才、科研成果功不可没，高校同时在未来的技术发展中承担着重要作用。高校作为知识的生产地、集中地，理应成为信息技术的应用地，现代信息技术运用在高校教育管理领域已成为必然趋势。高校目前迫切需要构建完善的教育管理信息化体系，从组织网络、教育管理内容、教育管理技术等方面入手，将校园信息化、智能化、智慧化作为其内涵建设的重要目标。

（三）科学化

21 世纪的高校教育管理面临着转型发展，通过大数据技术的利用，不断提高教育教学资源利用率，提高教育教学和服务质量，实现教育管理由科学管理向文化管理的转型升级。对于我国高校来讲，只有遵循教育管理规律、人才发展规律，综合考虑管理对象的特殊性，尊重被管理者的尊严，再借助科学管理的手段和技术，才能真正实现科学的管理。因此，高校教育管理规划、教育管理决策、教育管理评估及教育管理激励等，都要充分利用现代科技发展的最新成果，实现以数据说话，使决策更加科学，从而有效克服传统教育管理的主观性、片面性、盲目性和滞后性，从而促使高校教育管理更富成效性和创新性。

（四）民主化

民主、自由、平等是现代社会的标志，是我国社会主义核心价值观的重要内容，也是高校教育管理现代化的显著特征。民主、自由、平等的精神是知识孕育的沃土，专制的体制下是不可能激发灵感和创新的。法国伟大的思想家卢梭说过："一个孩子的老师应该是年轻的，而且一个聪慧的人能够多么年轻就多么年轻。如果可能的话，我希望他本人就是一个孩子，希望他能够成为他学生的伙伴，在分享他的快乐的过程中赢得信任。"卢梭认为只有学生的内部需要而非外部需要，才会产生良好的人格，因此，师生之间应建立平等民主的契约关系。中国教育圣人孔子提倡"有教无类""仁者爱人""不愤不启，不悱不发""后生可畏，焉知来者之不如今也""当仁，不让于师"，从而创造了平等、民主、和谐的师生关系；中国战国时期诸子百家争鸣，创造了中国古代学术理论的空前繁荣。蔡元培指出："大学者，囊括大典，网罗众家之学府也。"这些都说明了民主是一所高校充满生机和活力的源泉。高校教育管理处处都应体现民主自由气息，包括管理理念、管理方法、管理手段等，要构建"问计于民、问策于民、问需于民"的上下同心、内外合力的协同机制，构建"人人参与、人人作为、人人共享"的分享机制。

（五）互动性

高校教育管理决策现代化的一个重要依据就是参与度，即互动性。一个再好的决策，如果仅是管理者自说自话、无人问津，都将是一纸空文，被束之高阁，不能产生实际效果。教师和学生的关注度、点击率、参与度是集体智慧产生的前提条件。互动也是反馈的一个俗称，反馈对一个组织的作用至关重要，没有反馈就不能收集所有信息，就不能对组织目标、行为方向进行检验和调整。只有建立健全互动反馈机制，才能使组织运行过程中的各类信息流自我关联、自我作用，从而引导组织向着既定目标发展。互动性强调知行合一，强调参与和体验。有效的教育管理必然具有互动性，通过互动的教学载体和形式，调动学生参与到教育管理的实践中来，充分发挥学生的主体意识，从而激发其无穷的学习动力。在学习方面，学习活动是课堂教学的主要内容，可以模拟生活情境，增设生活经验单元。学科知识是遵循学科规律来架构的知识，生活经验单元看重的是学生的生活，课堂教育教学活动必须通过二者的融合，通过学生的实践和师生的合作实践，包括思考、交流来达到有效学习的目标。

（六）差异性

未来教育改革的方向是平均主义同质性的终结，即个性差异教育的彰显。任何事物都是矛盾普遍性与特殊性的统一，个性差异是一事物区别其他事物的显著标志，"世上没有两片完全相同的树叶""十人九性"说的都是同样的道理。高校教育管理者面对的是有个性差异的活生生的人，因此不能千人一面地塑造教育管理。对教师而言，有的擅长科研、有的擅长教学；有的志于教学、有的志于管理；有的擅长朗诵、有的擅长吹奏；有的外向、有的内向；有的稳健、有的奔放……不同的教师有着不同的职业生涯规划和人生目标，有着不同的人生境遇和家庭环境，有着不同的价值取向和做人原则，教育管理者需"对症下药、用人之长"。对于学生而言，有的志于创业、有的志于考研、有的志于就业；有的家境殷实、有的家境贫寒；有的大胆创新、有的胆小守旧；有的语言犀利思维敏捷、有的不善言辞踏实稳重；有的兴趣广泛交际面宽、有的兴趣贫乏封闭自赏；有的成绩优异才华出众、有的学习困难才疏学浅……针对不同的学生，教育管理者应因材施教，制定个性化的教育管理内容、采取人性化的教育方式。当然，个性化的教育管理成本是最高的，但也是最有效的。

第二节　我国高校教育管理智慧化发展

一、我国高校教育管理发展取得的主要成绩

随着大数据、云计算、物联网、智能终端等技术的发展，高校教育管理目前正向智慧化演进。在高校教育管理智慧化浪潮中，北京、上海、深圳、杭州、无锡五个城市先试先行，重庆、甘肃、贵州、湖北、天津、黑龙江等多个省市紧随其后。传统产业模式往往有明显的地域之分，大多集中在北京、上海、广州等，这显然不符合全国高等教育均衡发展的要求。基于人工智能技术的教育管理改革，让西部、北部地区的省市，如贵州、重庆、新疆、内蒙古等不再因为地理位置偏僻而影响智慧教育的推进。当前，我国高校教育管理智慧化发展取得了一定的成绩，主要表现在以下几个方面。

（一）高校首席信息官制度初步建立

在"互联网+"时代，网络与高校教育管理的结合就是用互联网来促进教学、科研、管理和服务的升级。建立首席信息官（CIO）在高校教育管理变革中是必要的，是从上而下推进教育变革的前提。2015年教育部科技发展中心发布的调查结果显示，首席信息官制度初见端倪。越来越多的高校将信息化

规划单独成文，其中 60% 的 "211" 高校、60.8% 的普通高校以及 50% 的高职高专学校有单列的信息化发展规划，83% 的院校建立了信息化领导小组。如清华大学、北京大学、中国传媒大学、浙江大学、上海交通大学、武汉大学、上海财经大学、天津大学、华中师范大学、兰州大学、西南财经大学、常熟理工学院、浙江传媒学院、东南大学、复旦大学、西安交通大学、电子科技大学等设有专门的信息化领导小组，负责领导、组织、协调和决策校园信息化建设等重大问题。可以说，大部分 "211" "985" 高校都设有独立的校园卡中心和网络中心，一般本科院校中有 55% 的学校设立独立建制的管理机构。信息化办公室作为新的信息化部门，有 30% 的 "211" 高校和一般院校设立了此机构。超过 80% 的高校都指派了一名副校长来具体负责本校教育信息化发展规划的制度。高职高专中由副校长负责的学校比例最高，达到 88.54%，"211" 院校由副校长负责的比例也超过了 80%，一般全日制高校副校长负责规划制定的比例稍低，为 79.03%。信息化、数据化日渐得到高校教育管理者的重视，首席信息官制度从领导机制层面保障了我国高校教育管理的健康发展。

（二）高校信息化投入不断加大

2015 年教育部科技发展中心发布的调查结果显示，对 2012—2013 年信息中心建设经费投入情况，一半以上的高校两年的信息化投入都在千万级，呈现 "较高" 的特点，信息化投入 200 万元以下的只有 4%。"211" 院校的信息化投入更高，在 3 000 万元以上，呈现 "很高" 的特点；一般院校两年的信息化投入在 1 000 万～ 3 000 万元，呈现 "较高" 的特点；而大部分高职院校的信息化投入都在 200 万～ 1 000 万元，呈现 "一般" 的特点；从地区来看，信息化投入从高到低排序分别为：华北地区、西北地区、华南地区、华东地区、西南地区、东北地区、华中地区。华北地区大约有 45% 的高校投入在 3 000 万元以上；而华中地区不到 10% 的高校投入在 3 000 万元以上。高校信息中心建设资金来源主要靠学校下拨的专项建设经费和常规经费，而高职院校经费主要来源于信息化部门外经费，如国家或地方职业院校教学改革建设经费。从地区来看，华南、华北地区经费主要以学校划拨和常规运行经费为主，其中华南地区有一半以上的高校依靠此种资金渠道运行；而东北地区有 41% 的高校经费来源于信息部门计划外，体现了当地政府对信息技术和大数据技术的支持。2012—2013 年，各类信息化经费有升有降，高职类院校信息化经费及常规运作经费都呈下降趋势，这与其多方筹资有关；而一般高校和"211"高校信息化部门计划经费有所增加，增幅不大，这与其经费投向大数据人才和信息技术人才培养上有关。当然，华中地区因经费投入前期靠后，最近几年呈"后来居上"趋势。

（三）高校信息化建设稳步推进

所有参与调查的院校均已开始进行信息系统的建设。多数院校以购买成套软件产品为主，而在未来三年内则会倾向于外包、合作开发和自行开发。90%的高校已建立校园一卡通系统，74%的高校建立了统一的身份认证系统，63%的高校建立了统一的公共数据交换系统，65%的高校建立了校园信息门户，58%的高校在社会化网络上开通了官方账号。其中，身份管理与认证系统基本已经普及整个校园，75%的高校身份认证系统支持跨校区访问，25%的高校身份认证系统支持跨学校访问（跨区域的联邦认证），65%的高校身份认证系统支持移动信息平台，68%的高校提供一个账号支持两个或多个设备上网。所有参与调查的学校都表示已经通了网络，85%的高校提供无线网络服务，55%的高校无线上网并不另外收费。将近80%的学校都表示在未来两年内需要升级带宽。在 IPv4 地址资源竭尽的情况下，47%的校园网出口使用私有 IPv4 地址，IPv6 的部署情况却只有四成，需要发展。从数据中心安全技术策略上明显看到"211"高校强于其他类型高校；另外，不少国外高校采用的网络安全技术在国内鲜有人知，国内高校网络安全防范的做法比较雷同且传统，该领域还有一定的发展空间。教学信息化是管理信息化之后各高校优先发展的业务，各高校多媒体教室已成标配，近80%的高校采购了全校性网络教学平台，探索信息技术与教学的深度融合。从调查情况来看，网络教学平台产品被替换的比例很高，不少学校表示已经更换或正打算更换网络教学平台。各学校优质教学资源建设受国家项目的影响较大，如精品资源共享课、视频公开课、大规模开放在线课程等，课堂实录也主要是为精品课程建设项目服务，优质教学资源建设尚未进入常态化。最近几年，微课比赛较多，但应用于教学还不普及，慕课（MOOC）开始起步，影响还不够大。1/3 的学校开始试水移动信息发布 App，如教学资源发送、通知发送等。不少重点高校更加注重服务的专业化和精细化，让服务更加高效和人性化，甚至一些知名高校视野更大，思考如何让 IT 与学校特色相结合，希望在大数据研究、IPv6 研究以及 MOOC 等方面有所建树。据教育部科技发展中心的调查结果，我国有 12% 的高校已使用云平台，有 3% 的高校未购买平台产品、以年服务费方式租用平台。高校信息中心发展的特点：一是都很重视信息安全，并加强了数据安全制度的制定和执行，有近80%的高校已制定并实行或逐步实行安全制度；二是应用系统融合发展趋势明朗，有1/3的高校正在建立跨应用系统的共享方案，以减少信息"孤岛"。高校一卡通全面普及，教学信息化也走向成熟。有1/5的高校信息化建设已经进入成熟发展期，在卡务服务、信息服务平台、数字化校园、移动信息服务、教师团队与管理建设、邮箱服务及举办赛事活动与信息化讲座方面都有自己的可圈可点的服务管理特色。

（四）高校教育管理效能不断提升

大数据在促进我国高校教学资源共享、教学方式改革、科研方式变革及教育管理变革等方面取得了一定的成效。

1. 教学资源共享

2013年是我国MOOC元年，高校教育资源分布不均、建设经费紧张，在这种情况下，基于云计算技术的大数据MOOC平台应运而生。MOOC是基于开放教育和共享理念，旨在提高教学质量和资源使用效益的产物。我国MOOC组织模式主要有三种：一是加入国外MOOC平台，如国外Coursera、Edx等优秀平台以及麻省理工学院等知名大学的MOOC平台；二是建设本土MOOC平台，如清华大学的"学堂在线"、北京大学与阿里合作的"华文慕课"、上海交通大学的"南洋学堂"等；三是引进国外优秀的MOOC资源。"MOOC中国"目前已有121所高校加入，理事单位40家，会员单位80家，已有9 911门课程，用户将近600万，其中IT培训的有500多万，学历教育在读学生50多万。已有的MOOC课程覆盖了全部一级学科，有些平台推出的微专业课程则以专业或者职业为单位，如互联网工商管理微专业是由学堂在线与清华经管学院联合推出的。中国大学MOOC的课程涵盖了高中到博士学段，包括通识课程和专业课程两大类。同时，也有专为在职人员提供的课程。

商业化的公司也投入在线教育，如淘宝教育推出的1元以上的课程，网易云课堂推出的大量免费课程，商业公司的目的在于营利，所面对的消费者也是职业教育需求迫切的学习者，但以高校或高校联盟发起的教学资源平台更贴近学习者。以中国大学MOOC为例，2014年5月，中国大学MOOC上线，由爱课程网和网易公司联合建设，学习者有免费和收费学习两种方式，收费学习可获得电子和纸质证书。2015 年 5 月，中国大学 MOOC 启用移动客户端，并率先在国内推出在线测试、作业功能。

中国大学 MOOC 包括普通大学课程、职业教育课程和大学先修课程三类，课程内容主要是通识和基础。目前平台学习人次超过 2 000 万，已有 21 万多人获得学习证书，每天活跃用户超过 20 万，社会反响良好，成为当之无愧的 MOOC 公共服务平台。授予证书和认定学分是推动在线教育发展的动力。

据殷丙山等对我国 MOOC 的 1 388 门课程的调查，80% 的课程有证书授予，其中课程数量和证书最多的是理工类 MOOC，哲学类课程是授予证书和课程数量占比最多的，医学类课程是收费认证课程占比最高的，教育学类课程的证书认证有较大的发展空间。目前课程证书有五种情况：无证书授予信息的占 20%，有证书但需收费的占 20% 左右，有证书但不收费的占 33% 左右，无证书的占 22% 左右，有免费和收费两种证书的占 5% 左右。不认定课程学分的占 37% 左右，只认定本校 MOOC 平台的课程学分的占 17% 左右，认定指定 MOOC 平台课程学分的占 22%，认定加入相关 MOOC 联盟的课程学分的占 17%，认定不同平台指定课程学分的不到 7%。

目前，我国高校间课程学分认定主要还是局限于各高校内部及高校联盟间的学分互认。在高校内部，更多的是用来进行混合式教学、改善课堂教学质量。未来教育发展的趋势要求是，高校要加大基于互联网开展学历与非学历继续教育，加大不同平台指定课程的学分认定力度。中国大学 MOOC 课程学分认定面临两难问题：对社会学习者学分如果不加以认定，将会失去在线教育发展的持续动力；对社会学习者或非本校、本联盟学生课堂学分的认定，又会面临考核评价标准一元化及一般高校自身教学特色被埋没的难题。高校课程联盟（见表 1-1）如雨后春笋涌现，其有力地促进了优质教育教学资源的共享。

表 1-1 高校课程联盟名单

序号	课程联盟名称	牵头单位	成员	合作企业	成立时间
1	上海高校课程中心	上海教委	60 多所在沪高校参与	智慧树	2012.08
2	东西部高校课程共享联盟	重庆大学	北京大学、山东大学、西安交通大学、复旦大学、武汉大学等近 122 所高校参与	智慧树	2013.04
3	吉林省高校课程共享联盟	吉林大学	吉林大学、东北师范大学等 30 多所高校参与	智慧树	2015.06
4	浙江宁波高校慕课联盟	宁波大学	宁波大学、宁波工程学院、浙江万里学院、宁波卫生职业技术学院等 16 所高校参与	超星泛雅	2015.07
5	浙江省高等学校精品在线开放课程共享平台	浙江大学	109 所高校参与，打造特色"云大学"	杭州简学科技有限公司	2016.03
6	涉海高校海洋课程联盟	中国海洋大学	大连海洋大学、广东海洋大学、厦门大学等 21 所高校参与	超星集团	2016.03
7	海南高校课程共享联盟	海南大学	18 所海南高校参与	上海卓越睿新数码科技公司	2016.03

2013 年 8 月，上海交通大学、西安交通大学、西南交通大学、北京交通大学、新竹交通大学（现为台湾阳明交通大学）5 所海峡两岸交通大学推出"在线学习联合体"，这标志着华文在线教育正式开始。东西部高校课程共享联盟成员目前已增加到 122 所，全国受益学校 2 000 所以上，覆盖大学生 1 000 万人以上，累计 400 多万名大学生通过联盟的共享课程获得学分。上海高校课程中心、五校交大平台等推出的课程主要以通识课程、基础课程为主，全部免费使用，部分联盟还实现了学分互认，拓展了服务包的内容，增强了联盟的吸引力。混合模式、翻转课堂是上海高校课程中心的优势，在线考试、认证考试是五校交大平台的优势。这些高校联盟相对于商业公司的在线教育来说，在认证方面具有无法比拟的先天优势。

2. 教学方式改革

大数据时代，"互联网+"教育已深入人心，但是采取哪种策略融合，则是对教育者创新和智慧的大挑战。美国高等教育信息化协会分析中心发布的报告显示，大部分学生表示在包含在线和面对面的混合环境中学习得最好。移动学习、泛在学习是未来教育的趋势，其有着即时性、参与性、情境性、社会性、泛在性、愉悦性等优势，将在碎片式学习中发挥优势，成为课堂教学的有益补充。我国诸多高校运用大数据技术进行教学方式改革的探索，取得了初步成效。利用大数据推进教学改革，在顶层设计、规章制度、教学环境、教学设施、教学资源、教学方法等方面取得初步成效。陈宝生部长在 2016 年视察华中师范大学时，对其高等教育领域推进信息技术与教育教学深度融合工作给予了高度评价：网上来云里去，"互联网+"搞教育，线上学线下教，教学创新好平台。目前，MOOC 已被广大高校接受，成为翻转课堂和混合式教学的重要支撑。如上海易班可以说是运用大数据改革教学方式的典型例子，在沪 60 多所高校参与，人数达 161 万，2016 年建成一个包含 500 门专业课程、5 000 门兴趣课程的资源库。东华大学是利用大数据推进"泛在学习"的代表，2015 年东华大学设立了在线"学习超市"，即"易课堂"，共开设了 179 门课程资源，全校师生共建共享课程，从而使 30% 的学生学习成绩得到提高，学生不及格率显著下降。当然，MOOC 也存在制作成本大、更新不方便、彩排后录制为非原生态课堂等缺点。2014 年东华大学推出"秋波"智慧教室平台，并提供了一套完整的解决方案，包含 ClassApp、ClassCloud 和 ClassNet 系列产品，基于移动互联网和位置服务技术路线，实现课前、课上和课后各个教学环节全覆盖，完善学生自动签到、课堂互动、实时在线课堂、课下资料共享与交流等智能教学功能。同时，还提供了导航、社交、电子商务等智慧校园服务入口，从而服务教学和生活、服务创新和创业。"秋波"课堂能够有效克服 MOOC 存在的以上问题，不仅可以实现校内学习与远程学习，而且能还原课堂"原生态"，成为东华大学本科教育的重要改革举措，2015 年全校 80% 的主干课程实现了此功能，并在上海其他高校推广。2014 年秋季学期，北京大学信息科学技术学院张铭教授利用在 MOOC 平台上课的经验，在其"数据结构与算法"课程中推行"MOOC+翻转课堂"混合式教学，他的混合教学实验班分三种类型的班级：普通班、竞赛实验班和翻转班，普通班教授没有课程基础的学生，竞赛实验班教授具有较深知识储备的学生（各省市奥数获奖者），翻转班教授的是对课程有兴趣、想要继续拓展的学生。翻转课堂强调预习、强调自主学习和探究学习、强调课堂讨论的节奏控制与重点把握。期末考核显示，三类班级中，翻转班成绩超过普通班 10 多分，与竞赛班相当。中国大学 MOOC 推出一大批以文化素质教育课、公共课和专业核心课为主的 MOOC，采用 MOOC+SPOC 的方式，促进大规模学习互动与校内专属或小班教学相结合，推动高校教学方式的改革，持续提高教学质量。我国高校建设的在线课程总数已超过 1 400 门，课程平台为高校定制课程达 5 600 次，累计 1 700 多所学校在平台上选用或定制课程，高校和社会学习者选课人次超过 3 000 万。

3. 科研方式变革

首先，科研数据的共享是高校进行科学研究、实现科研突破的基础。一位进行地质学研究的院士无奈感慨"地质研究只能研究外国的，不能研究中国的"，因为地质数据都掌握在国家部门手中，不对外开放。这说明开放的数据才能成其大，大的数据才能促进科研的发展。同理，高校科研工作也需要开放的大数据支持。科学研究规模不断扩大，复杂性也不断增大，高校作为科研的重要阵地，科研人员需要采集海量数据，这对传统计算技术提出挑战。以云计算为基础的高校大数据平台，对科研资源的共享、资源利用率的提高及按照科研需求定制服务模式等方面提供了广泛兼容的科研环境。

其次，科研大数据驱动社会科学更科学。社会科学研究在大数据背景下可以将原子论和整体论融合与统一，形成"从定性到定量，从简单分析到复杂处理，从属性数据到关系数据"的新的研究范式，将脱下"准科学"的外衣，全面迈入科学殿堂。哥伦比亚大学社会学家艾伦·巴顿认为："在过去 30 年，经验性的社会研究被抽样调查主导。"这种随机性使社会科学备受逻辑性、科学性不足的诟病。自然科学和社会科学是人类知识的两种类型，自然知识研究的对象是物理世界，讲的是"精确"，也能通过各种努力达到"精确"，如引力波的发现证实了爱因斯坦的广义相对论的正确。但是社会科学因其研究对象是人，其规律是随机的，讲求概率，导致"测不准"，故而社会科学又被称为"准科学"。但是在大数据时代，大数据能够成为我们观测自身的"显微镜"，使越来越多的社会科学由定性研究向定量研究转变，教育也将变成一门实实在在的实证科学。华中师范大学中国农村研究院针对中国农村村庄信息统计无法到村的不足，借助互联网地理信息技术，实现对全国 60 万个村庄的数字化管理，建设了"中国农村数据库"，实施"百村十年观察计划"，充分巧用大数据，实时采集数据，进行社会问题的科学研究。

最后，大数据科研管理平台为高校科研管理者提供智慧化管理手段。我国高校近 3 000 所，其中，"985""211"高校百余所，每个高校教师数千人，不同学科申请不同的课题，而课题项目重复度较高，不同学科间缺少交流；甚至有的科研工作人员只是换个相近题目、内容不变，重复申报拿资助等管理乱象。这些问题在大数据统一共享平台建立下便无处遁形。2012 年，中国科学院借助大数据技术，优化科研资源供应链，促进科研经费科学使用，为用户提供更加专业、更具个性化的服务，不仅解决了科研腐败的问题，还成功解决了"采购难、核算难、监管难"等科研耗材管理工作中的难题。

4.教育管理变革

高校要做到对师生统一、明晰化管理，基本要求是做到全校数据一览无余。近几年，诸多高校进行了相关尝试，成效初显。

（1）复旦大学数据中心建设

复旦大学的大数据中心建设已走在我国高校前列，并取得了一定的成效。从信息化建设初期，复旦大学就着手建设了 U-IDC 校园数据中心，走在全国高校前列。目前复旦大学数据中心拥有 400 多个虚拟运行环境，建立了统一数据库，实现了数据的共享，并建立了一套包括采集、存储、分析、计算、展现的完整数据建构。建立了包含面向师生的 6 大类 17 小类的主题数据展示系统，主要包括教职工信息统计、学生信息统计等人员信息类，文科科研数据分析、教师学术表现等科研类，研究生成绩分析、本科生生命周期数据分析等教学类，一卡通分析、图书馆客流分析等综合服务类，宿舍使用情况统计等学生工作类，教育部高基报表等报表类，等等。复旦大学还建设了个人数据中心，为师生提供不同于管理视角的服务，如集中数据展示、数据填报、数据下载等，同时也简化了以人为对象的数据化过程。在个人数据中心基础之上，建立校级的统一填报中心，师生可看见所有的基础数据，减少重复上报，高效利用数据。复旦大学曾对来自不同地区的学生进行了数据分析，研究认为，学生成绩受不同地区基础教育发展状况的影响较大。复旦大学依托数据中心，通过"集数""读数""识数"，转向最终价值追求——"用数"，从而使教育管理决策更加智慧化、个性化和人性化。

（2）电子科技大学"学生画像"系统

国家教育事业发展"十三五"规划要求，要鼓励学校利用大数据技术开展对教育教学活动和学生行为数据的收集、分析和反馈，为推动个性化学习和针对性教学提供支持。我国高校在利用大数据促进个性化管理和科学决策方面是未来的工作重点，这方面电子科技大学已进行尝试并取得较好效果。2015年，电子科技大学研发出一套"学生画像"系统，通过一卡通追踪学生的行为轨迹，可以"算"出所有学生的学习、生活甚至情感状况。电子科技大学这套大数据系统已覆盖2万多名本科生，研究表明，学生生活积极行为与学习效果密切正相关；就业能力与学习、生活质量密切正相关。利用这种大数据分析系统，理论上可寻找"最孤独的人""最奢侈的人""最节俭的人""最牛学霸""最有效的求职者"等，高校教育管理可实现有的放矢和对症下药，提高工作成效，体现人文关怀。这些优秀的智慧教育管理方案应对其他高校有启发意义，并得到推广应用。

（3）江苏省"智慧就业"系统

就业作为高校教育生命周期的最后环节，是对其他教育环节的考核，特别是就业率和就业满意度等关键指标，是对一个国家和地区教育政策、学校教学质量和教学模式等的终极检验。充分利用"互联网＋就业"新模式，建立精准就业服务机制，实现"智慧就业"和"智慧招聘"是人力资源市场发展的需要，也是"以人为本"、促进学生发展和社会和谐的需要。江苏省作为教育大省，提出"两个率先"：率先实现现代化、率先实现全面小康。江苏省将"智慧教育"与"智慧江苏"相结合，全力打造"智慧就业"新业态。江苏省高校招生与就业指导服务中心2008年在全省高校推广"江苏省高校毕业生就业管理信息系统（网络版）"；2013年底与才立方软件公司合作，在双选活动中启动"智慧招聘"；2014年下半年提出"智慧就业"理念，与才立方软件公司联合推出"智慧就业服务平台"。智慧就业网设有用人单位、学生、高校、管理员四个入口，用户根据账户进入不同的工作界面，搭建用人单位与毕业生之间的桥梁，具有信息发布、就业创业指导、认证评估等复合功能。江苏省高校"智慧就业"平台的技术架构为：一个云端平台（统一的就业协作管理平台）、多个用户终端、就业App、就业微信、就业网站。其技术优势在于人岗匹配、实时推送、行为分析、数据报表。截至2017年1月31日，共有139所高校使用江苏91Job"智慧就业"平台，加入省级"智慧就业"联盟。

实现求职信息的高质量、高匹配以及服务内容的丰富性是未来网站建设的目标，需要高校进一步整合校内外资源，挖掘教育系统内外部信息，建立信息关联，促进信息价值的释放和利用，实现大数据名副其实的数量大和价值大。

（4）清华大学绿色校园建设

《教育信息化十年发展规划（2011—2020年）》提出，要建立"国家教育云服务模式"，以资源整合为手段、云计算技术为支撑，探索资源配置与服务集约化的发展途径，构建成本相对较低、性能稳定可靠的国家教育云服务模式。国家教育公共云建设，包括云基础平台、云资源平台、云管理平台等平台建设；高校校园私有云建设，包括云化数据中心、云存储平台、云科研平台、桌面虚拟化平台、远程教育云平台、云应用平台、教育管理服务云平台等平台建设。以云平台、云计算技术为支撑的高校数据中心建设，减少了计算机硬件费、电费、人员维护费，节省了空间，促进了学校教育管理效能的提升，有利于绿色节能、可持续、可控可伸缩控制系统的建设。清华大学2010年成立了信息化办公室，与慕华信息科技有限公司等公司合作建设教育云平台。清华大学信息网络工程研究中心网络与信息安全实验室工程师姚星昆说："引入'戴尔综合化虚拟系统解决方案'，使得我们实验室的IT管理效率提升了300%，机房总电力节省20%以上，系统总规模缩减25%，维护负担减轻70%～90%，节省机房空间25%。"

二、我国高校教育管理智慧化发展存在的问题

目前，我国高校教育管理正处于从信息化向智慧化演进的过程，虽然我国高校教育管理大数据平台建设取得了一定的成效，但也存在一些问题，必须予以高度重视，如高校的信息化建设参差不齐，高校管理层对大数据、云计算技术认识不足、重视不够等。在数据化浪潮中，谁能及时把握先机，谁便能占领竞争高地。我国各高校要在顶层设计、体制机制建设、技术研发和推广探索等方面进一步加大力度，坚持"以人为本"的理念和"绿色科技"的原则，推进数据资源的共建、共享和共用，从而使大数据技术真正成为促进学生全面发展、教育管理智慧化的利器。目前，高校教育管理发展存在以下问题。

（一）缺乏系统规划

我国数据中心重复建设现象严重，包括高校数据中心在内，是普遍存在的问题。截至2013年，国内规划建设数据中心255个，只有173个投入使用。255个数据中心分布在26个省、自治区、直辖市。在65个超大型、大型数据中心中，一半以上位于或靠近能源充足、气候严寒的地区。各高校根据各自需求，都建设有自己的IT系统，且存在成本、性能、安全及能源管理等各种问题，

这对高校教育管理来说是巨大挑战。每所高校都有门户网站及职能部门、二级学院网站等,一般来讲这些网站对服务器并没有很高的要求,但其都建有自己独立的物理服务器,这实际上导致了资源的严重浪费。虽然高校也建立了办公自动化系统、教务管理系统、学生管理系统等,但是以业务流为主导的各个系统互不兼容。

随着高校办学规模的扩大、业务部门的增多,学生往往要登录多个管理系统等待审批。甚至在系统运维升级时,面临着新旧系统同时运行的尴尬局面。另外,各系统的不同步,对各种数据的精确统计会造成很大麻烦,教务系统有一个学生人数,就业部门也有一个学生人数,奖学金评定部门还有一个学生人数,各种数据之间难以形成关联和同步更新。最后,各部门各单位各院系建设的后台数据库,一旦发生数据变化,就可能造成旧数据的缺失。而在线开放课程建设方面,一些高校还在观望或消极等待,一些高校什么都想搞、什么都想抓,优势特色不明显,成效不突出。这一切问题的出现,究其根本原因是顶层设计不足。

大数据时代,高校管理者也需要加强数据素养和数据能力,这样才能对全校信息化建设进行统一论证及科学规划。由于国内教育信息化建设前期缺乏统一标准和统一规划,因此管理粗放,资源浪费严重,影响管理决策的准确性和针对性。建立基于教育云的统一教育管理平台是大势所趋。因此,高校要加强教育管理发展的统一规划,在高校教育管理系统建设中引入数据流和业务流(工作流)理念,构建基于数据流的工作流信息系统开发模式,使数据在各个管理部门之间畅通流转。

(二)缺乏资金保障

2015 年教育部科技发展中心发布的调查结果显示,绝大多数学校对信息化建设投入还是比较高的,信息化建设投入很少的仅占 4% 左右。尽管如此,还是有 66% 左右的普通全日制高校和 63% 左右的高职高专院校认为制约信息化发展的主要问题是资金投入不足。相比较而言,"211"院校的信息化建设投入较高。运行与维护成本高、资金不足已经成为我国高校教育管理智慧化发展的重要制约因素。学校受经费限制,基本采取自维护的方式,这既解决了部分资金不足的问题,又培养了信息化人才。通过以网养网,保障运行经费,业已达成共识,但也带来了一些负面影响。有些高校已经尝试流量区分,对正常的教学科研活动实施免费,以消除负面作用。这种积极尝试,是一个良好的开端。当然,开放办学,举办大规模优质有偿 MOOC 应该也是高校增收的另一途径,这一切要求高校必须有长远的眼光和战略的思维。

当前，在我国高校教育管理发展初期，有效的融资机制尚未形成，政府应担当起重要职能，加强对教育发展的宏观调控，加大对高校教育管理建设的资金投入。高校也可探索社会 BOT 融资模式、PPP 融资模式，将高校教育管理中某些建设项目的资金筹备和经营压力与社会力量分担，诸如网络、服务器、云平台及智慧宿舍等一些硬件建设项目，吸引社会企业、非营利机构或营利机构合作共建，到项目特许期或专营期满后，所有权和经营权转移给高校。

（三）缺乏法规体系

高校大数据平台的安全与管理问题日益突出，这给高校带来了巨大的挑战。安全问题是大数据技术发展的最大障碍，建立安全管理体系是建设"智慧校园"的重要保障。各类安全技术和防护手段，诸如加密、身份验证、访问控制等，涉及三个方面的内容：实体安全、运行安全和信息安全。实体安全包括环境安全、设备安全等；运行安全包括风险估计、备份和恢复等；信息安全包括操作系统安全、数据库安全和网络安全等。一方面，我国大数据法治建设明显滞后，目前，规范网络技术和保护个人隐私的相关法律法规有《中华人民共和国政府信息公开条例》《计算机信息网络国际联网安全保护管理办法》《互联网电子公告服务管理规定》《个人信用信息基础数据库管理暂行办法》《全国人民代表大会常务委员会关于维护互联网安全的决定》《中华人民共和国个人信息保护法》等，这些法律法规已满足不了实践的需求，高校出现的诸多信息失范现象急需统一规范；另一方面，促进高校教育管理发展的法律法规不够完善。

近几年，我国关于促进高校教育管理的政策陆续出台：2013 年，教育部印发了《国家教育管理公共服务平台省级数据中心建设指南》；2015 年，教育部出台了《关于加强高等学校在线开放课程建设应用与管理的意见》，第一次以正式文件的形式明确了对 MOOC 的支持态度，为 MOOC 的发展营造了良好的政策环境；2016 年，教育部办公厅印发《教育信息化项目管理暂行办法》；2018 年，教育部办公厅印发《教育部机关及直属事业单位教育数据管理办法》，以期对数据的采集、存储、共享和开放等方面做出规范。浙江省、安徽省等教育厅已在 2016 年制定了本省行政区域的教育数据管理办法。但是促进大数据技术发展和保护隐私的规定散落在一些法律条款中，用于规范和界定"数据主权"、数据安全管理的相关法律缺失，用于促进数据发展的激励法律缺乏。数据所有权、隐私权是高校教育管理智慧化发展不能回避的问题，这些相关支持体系尚不完善。

（四）缺乏专业人才

市场巨大、人才缺乏分别是我国大数据发展面临的最大优势和最大劣势。目前大数据产业发展迅速，无论国内国外，学术界与企业界之间的人才竞争都非常激烈。并且，我国有利于大数据人才脱颖而出的培养机制还没有完全建立。"本来我国教育界、科技界的人才就缺乏，而在大数据领域，统计、机器学习等相比而言更弱，所以这个问题需要引起重视。"中国科学院院士鄂维南说。我国接近 80% 的"211"高校在主管全校信息化建设和规划工作的部门中都拥有 16 人以上的专业技术人员，有超过 50% 的普通高校专业技术人员在 16 人以上，而 70% 的高职高专院校专业技术人员数量都不足 16 人。并且，真正懂技术的专业人才缺乏，而管理人员过多，使得各高校信息化建设人才队伍结构不够合理。我国"211"高校平均服务人数低于 500 的仅有 28.57%，平均服务 500 人以上的"211"高校超过 50%，而一般院校、高职高专院校平均服务人数 500 人以上的分别为 60%、50%。高校信息技术人员中以拥有本科和硕士学位的人员较多，中级职称较多，但拥有博士学位的比例较低。高校数据中心建设需要一支技术过硬、分工明确、精干高效，且能够处理应急事故的复合应用型人才队伍，这关乎数据中心建设的顺利开展。目前，全国有近百所高校设有信息安全本科专业，信息技术人才培养走上专业化道路。但是信息技术、信息安全及大数据应用方面的人才仍然供不应求，尤其缺少具备实战对抗能力的安全人才。大数据人才包括数据项目管理人才和数据分析人才，目前大数据人才更是缺乏，我国高校 2016 年开始设置大数据专业并培养人才。

（五）缺乏共享机制

国家信息中心、南海大数据应用研究院联合发布的《2017 中国大数据发展报告》显示，2016 年各地政府投资大数据项目数量整体呈上升趋势，但是 70% 以上是大数据平台和基础设施建设，应用层面的软件开发不到 5%，呈现"重建设，轻应用"问题。同样，这些问题也在高校教育管理中存在。高校大数据发展的三个阶段为：管理为主、利用为辅；管理与利用并重；管理为辅、利用为主。现在仍处于第一阶段，普遍存在"重建设、轻利用"的问题。从高校教育管理现状看，现有业务应用系统大多独立存在，系统间难以实现数据共享与交换，海量数据得不到科学管理和有效整合。这些问题的原因是高校缺少统筹谋划，各教育管理部门在建设自己的信息管理系统时各自为政，使用的软件系统和数据标准都不统一，形成一个个信息孤岛。调查显示，我国大约有 80% 的数据中心闲置，一天中大约 15% 的处理周期在进行工作（包括高校数据中心），而谷歌的在线应用数据中心 CPU 利用率只有 30%。相对来说，科研信息化最突出的问题就是科研数据的共享问题。

2015 年教育部发布的《高等教育信息化发展研究报告》显示，我国高校科研信息系统建设较为落后，只有 20% 的高校建立了科研知识共享平台，26%的高校建立了科研项目交流平台，也是在教育部大型仪器共享政策的引领下，42% 的高校建立了仪器设备开放共享服务使用网络化信息管理系统。当然，从2012 年开始，包括武汉大学、厦门大学、复旦大学等在内的一批知名高校开始重视数据的深度分析和应用。例如，武汉大学建成了网格系统与高性能计算系统，正在进行物联网实验室与仿真实验室的建设，未来将以大龙实验（Dragon Lab）学科研究与科研创新平台为基础，对校内外实行教学资源的全面开放；华东师范大学利用预警系统跟踪学生的餐饮消费数据，分析学生是否有经济困难，是否需要帮助。数据的分析利用才是数据中心存在的价值，虽然大数据资源的建设取得了一定的成效，但是实现应用驱动、建以致用还需进一步突破。

（六）缺乏协同创新

首先，当前高校教育管理发展还存在校企深度合作不足的问题，大数据应用产品缺乏，活跃的企业不多，如华为与 85% 以上的"211"高校合作建设"智慧校园"。其次，成熟的教育软件不多，校企研发合力不足。目前我国高校信息技术软件应用系统建设模式主要有：购买成套产品，学校主导与开发商合作共同研发；用外包系统，很多定制；用外包系统，很少定制。其中，购买成套产品占大多数。我国高校教育管理软件不够成熟，由于企业擅长技术而短于业务，而高校擅长业务却短于技术，二者研发合力不强。因此，在系统实施过程中，技术企业要根据高校具体业务要求进行定制化开发，针对教育软件用户在教育实践中的痛点，研究并解决问题。当然，更提倡高校相关专业教师发挥熟悉业务、了解实践需求的优势，自主开发研究系统。最后，还存在优秀"智慧教育"方案推广不足的问题。相比发达国家的"智慧教育"，我国"智慧教育"起步较晚，"智慧教育"技术研发效能与觉醒程度及创新实力正相关，推广应用效能与观念解放及技术运用能力正相关。缺乏有效的宣传，导致优秀的高校教育智慧设备、教学资源和智慧应用方案得不到广泛运用。"智慧教育"解决方案的宣传策略应更多注重体验性，营销策略及盈利模式应更多注重分步有偿化或"貌似免费"法，技术策略应更多注重简单化与融通化，即平台功能丰富、融通，软件使用简单易学。当然，"智慧教育"理念深入人心必定是一个长期过程，通过有效的宣传和推广，可将整个过程的时间变短。

（七）缺乏有效激励

高校教育管理的发展在教师方面存在一些阻力，虽然我国多数高校为数字化教学资源建设提供了一定额度的资金奖励、提供资源开发工具、提供资源开发的相关培训和一些技术支持，但是教师的积极性并不高，这成为我国高校教育管理发展的另一障碍。其主要原因包括以下几个方面：一是高校教职工对高校教育管理的认识不足。教职工对什么是教育管理、教育管理会带来什么效果、MOOC 及微课等对传统教育教学改革有什么意义等问题，并没有清醒的认识，更没有从学校发展的全局和未来教育发展的趋势出发而采取教育教学变革。二是大数据技术、翻转课堂、MOOC 及微课等给教师带来了学习压力。人的本能是守旧和懒惰，对新事物有一种本能的抗拒。因此，"智慧教育"的教育方案、教育管理的软件等必须朝着"方便、简单、智能"等方面发展，这样才能从技术使用的简单易用方面占领市场、赢得用户。三是高校教育管理的优势并未充分显现。特别是在大数据资源建设初期，大量的数据输入和管理工作，似乎遮蔽了大数据的技术使用，在后期会产生种种"好"，这种"近视"现象也是高校教育管理阻力产生的根源之一。当然，面对数据原居民的大学生，作为数据移民的教师需要勇气向"旧我"挑战和超越，只有顺应时代发展和教育改革潮流，提高自身数据素养和信息素养，才能在数据时代创造新的成绩和发展。

三、大数据对我国高校教育管理智慧化发展的积极影响

大数据给高校数据采集、治理模式、教育教学、考核评估、资源调控、智慧学工及智慧科研等方面带来革命性的力量。

（一）数据采集：关注过程、关注微观

受限于技术、人力和物力，传统高校数据采集主要以管理类、结构化和结果性的数据为重点，关注教育整体发展情况。这种反馈机制在一定程度上对高校教育决策、规章制度的制定起到了积极的作用，但是对学生、教师科研的实时掌握远远不够，对不好的结果也不能提前预测和预防，而多是事后补救型，从而使高校教育管理处于被动局面。随着大数据技术强力渗透到各行各业，高校教育数据的采集将面临新的变革。互联网、物联网和大数据技术支撑下的高校"智慧校园"，不仅在数据采集的数量上超越了传统高校，而且在数据的质量及数据的价值方面都具有传统高校数据所不可比拟的优势。高校教育管理大

数据具有非结构化、动态化、过程化及微观化的特点，处理程序更复杂、深入和多元化。学生的学、教师的教，一切活动都处处有迹。数据流源源不断，在数据分析师的头脑中加工，产生源源不断的智慧流，从而促进高校教育管理更加科学化、人性化。然而，由于高校教育管理对象及活动的复杂性，加上缺乏商业领域标准化业务流程，高校教育管理数据的采集活动呈现复杂性的特点。在高校教育管理大数据的分析中，要特别强调因果关系。通过技术分析和处理，挖掘高校教育管理大数据所体现的规律，揭示问题背后的根本原因，最终寻找破解之道、应对良策，从而更好地提升高校教与学的活动效果。

（二）治理模式：民主治理、集思广益

利用数据进行决策，已经在管理中形成共识。SAS 及《哈佛商业评论》调研结果显示：700 名参与调研的高层管理者中，75% 的人认为他们在部门的决策上依赖数据分析；40% 的人认为采用数据分析的结果进行决策，提升了他们在企业中的地位。大数据时代，高校决策模式、治理模式都将面临转型。传统高校治理属于"精英治理"，受限于校园信息化程度和智能化程度不高，学校各项事业发展方案、措施、策略等不能广泛传达至师生，民主意识较强的管理者顶多召开一个小范围的研讨会，或者以开会的形式传达，而这种正式会议过于严肃和拘谨，缺乏自由、轻松的氛围，不利于异质声音的表达，也就意味着不能将群众的真正声音传递到决策者耳中。而在以互联网、物联网、云计算、大数据及移动终端为技术支撑的"智慧校园"中，可以实现高校由管理向治理的转变，更好地实现治理的民主化、科学化。高校管理者与师生不受时空限制的互动交流，至少有四点优势：一是收集有利于学校发展、各项业务完善的群众智慧；二是传达学校发展战略、思路，形成上下合力；三是拉近干群距离，将各种矛盾化解在萌芽状态；四是决策处处留痕，实现阳光政务，防止权力"任性"，促进决策的规范化、科学化。

（三）教育教学：及时反馈、因材施教

利用大数据技术开展翻转课堂教学改革或在线教育是当前高校教育管理变革的重要内容。高校学生数量庞大，是运用信息技术的主要群体，也是高校教育管理大数据的重要生产者和使用者。可以根据学习平台上不同学生对各个知识点的不同用时、不同反映，来确定要重点强调的知识和决定不同的讲述方式。大数据教学有两大优势：一是私人定制；二是大规模个性定制。私人定制即借助适应性学习软件，通过相关算法分析个人需求，为每一位学生创建"个人播放列表"，且这种学习的内容是动态的。通过大数据分析，对提高学生个体学

业成绩需要实施的行为做出预测，决定如何选择教材、采取什么样的教学风格和反馈机制等。大规模个性定制指根据学生差异对大规模学生进行分组，通过相同测验，有更多相似性的学生会被分在一组，相同组别的学生也会使用相同的教材。大规模个性定制教育的成本并不比批量教育成本高太多。2011年吴恩达教授将其课程搬上互联网之后，注册的学生突破了10万人，其中有4.6万人确定开始了课程学习，并提交了作业。在为期4个月的课程结束后，有1.3万人成绩合格而获得了结业证书，课程结业率为10%，看起来相当低，而其他网络课堂的学习甚至只有5%。Coursera上现有多所不同的大学提供了在线课程，300种以上的免费大型公开在线课程，吸引了全球众多学生和成年学习者参加，课程包括了计算机科学、数学、工程、诗歌、历史等学科。中国大学MOOC通过率只有3.72%，与传统实体大学相比，网络大学的通过率如此低，是否说明MOOC是一个失败的新鲜事物呢？其实，即使很低的结业率，通过的总人数还是传统的教学手段无法企及的。哈佛大学在线教育负责人认为，在线教育的浪潮是继印刷术发明之后，教育领域面临的最大变革。人类教育的形式由古代学徒制到近现代的学校制，再到在线教育的个性化，是教育形式的螺旋上升，既解决了教育产品的量的问题，又能很好地解决教育产品的质的问题。大数据的教育潜力很大，运用前景广阔。以行为评价和学习诱导为特点的在线教育平台，仅是其影响高校教育的"冰山一角"。

（四）考核评估：动态评估、全面多维

"刻舟求剑""刮目相看""盲人摸象"这些蕴含着中国智慧的成语告诉我们：要用运动的、全面的眼光评价事物。作为科学、先进的社会群体符号代表的高校教育管理者，更应使学校的办学水平及教与学的成效评估体现科学性和人文性。大数据时代，从数海中找到当前教育管理问题及其影响因素和根本原因，用易懂的数据关系诠释深刻的哲学道理，是这个时代的重要特征。大数据促进高校教育管理评估从注重经验向注重数据转变，从注重模糊宏观向注重精准微观转变，从注重结果向注重过程转变。高校教学活动是大数据评估最常用的领域。高校内部大数据系统一定要与外部社会大数据系统建立起融合关系或者链接关系，这样才可能从知识、情感、能力、道德等方面全方位、多维度地了解学生，从而制订人性化发展方案，有效避免以学习为中心，而更好地实现以素质为中心的教育旨趣，这样才能更好地培养符合社会需求的高水平专门人才。

首先，高校利用大数据技术，对人才培养、产业发展及社会信息等数据的采集要提前布局，要有连续的数据对其支撑，每个地区的生源情况、就业情况，

要有长期连续的动态数据，才能从数海中预测经济、社会人才需求及高等教育未来发展趋势等，从而及时调整高校发展战略，促进人才培养模式改革。其次，大数据技术可以实现考核评估的革命性改变，高校教育管理者利用回归分析、关联规则挖掘等方法帮助教师对学生学习状况、思想状况、社交状况等进行全方位的掌握，关注学生成长的过程，实现评价的全方位和立体化，从而优化教育管理策略，提升教育管理效果。2011年哈佛大学研发的学习分析系统，是一种基于云计算的学习分析系统，包括数据采集、数据存储、数据分析和数据呈现几个模块，能将学生完成学习任务的相关数据分析后可视化，并实时呈现到教师的设备屏幕上，便于教师对课堂教学的及时调控，这种分析系统已在康奈尔等大学中推广。最后，利用大数据技术可以建立起教师科研、教学的预警机制，对教学质量监控、科研趋势等设置报警区域，达到设定的域值，系统自动报警提醒管理人员重点关注一些教师。基于大数据技术，创新高校教育教学评估体系，使之更加多元化、智能化、个性化，实现由传统基于分数的评价向基于大数据的评价转变，由传统的结果评价向过程评价转变。

（五）资源调控：优化组合、注重效能

推进高校资源大数据平台建设，有利于对有限的教育教学、实验室、寝室等资源进行重组、优化，从而使教育资源具有新的结构，产生新的功能，提高资源效能。在实践中，很多高校投入巨资建设的实验室有的利用率并不高，而有的实验室却人满为患，学生急于寻找实验室而限于信息缺乏或人为设置的障碍而无法获得资源。与之类似，教室、图书馆的阅览室也存在这样的"两极"现象：有的空荡无人，有的却排队占位甚至产生矛盾争执。高校资源大数据平台可很好地解决这个问题，首先大数据中心建设要从理念上打破所有硬件资源的固定归属，从学校整体层面进行调控。其次依托物联网、通信、信息、大数据、云计算技术对资源、能源进行科学调配和利用，从而实现管理的模糊化向清晰化、经验化向科学化转变。最后通过大数据平台实现学生对学习、生活的资源的方便、快捷获取。我国诸多高校在教育教学资源管理智慧化方面已做出有益的探索。

（六）智慧学工：柔性管理、注重权变

大数据促进智慧学生工作，是大势所趋。其一，高等教育转型和高等教育大众化发展，对高校学生工作管理人员提出更多的挑战。高等教育大众化使得高校学生规模逐年增加，专职学生管理人员的增比远远不及学生规模的增比，

学生工作的繁杂性和艰巨性大大增加。其二，在信息技术浪潮的冲击之下，学生工作管理人员传统的话语权正在被削弱，唯有顺应时代潮流，利用信息技术、大数据技术等优势，增强话语优势和管理服务效果。其三，高校转型发展对学生工作提出更高的要求，高校教育管理目前正面临着"由粗放管理向精细管理"的转变，传统高校学生管理工作存在刚性有余、柔性不足的缺点，现代教育管理的发展趋势是柔性化。柔性管理要求以生为本，关注激发学生发展的内在驱动力、动力持久性和管理权变性。在大数据年代之前，高校欲实现柔性管理显得心有余而力不足，不能随时随地掌握学生的学习、科研、生活、社交等信息，且往往历经千辛万苦得到的数据，最后因失去时效而显得没有意义。所以建立学生工作综合信息管理和决策平台，能够及时、全面获取学生工作。利用技术，可多维度、全方位地分析学生的学业情况，预测哪些科目考试不及格，动态评估学生消费，精准资助，预测学生毕业去向，引导个性化、针对性就业。例如，某大学利用大数据技术，使新生入学报到诸事早知道，使新生教育服务工作精细化，新生可以提前上易班网申请绿色通道、选购生活用品及提前申请勤工助学岗位等活动，完成大部分的报到手续。

（七）智慧科研：博采众长、继承超越

科学是历史的有力的杠杆，是最高意义上的革命力量。在当前知识加速进化的时代，科学研究已来到"超大科学"的拐点。当科研遇上大数据，就诞生了学术界流行的新理论"科学研究第四范式"。高校是科学研究、培育人才的重要阵地，高校教师肩负促进知识创新和传播的使命。大数据科研资源平台为高校科技创新主体提供文献资源，数据的搜集、文献的查找、资源的获取可以说是高校教师从事科研工作的重要基础。高校科研人工智能大数据系统包括科研文献库和科研综合信息管理与决策平台两个部分。

1.科研文献库大数据是高校科研的重要参考资源

首先，科学的发展离不开交流和讨论，因为科学中存在错误和局限。海森堡曾说：科学扎根于交流，起源于讨论。波普尔认为，一切科学知识都是猜测的、可错的，批判和批判的讨论是接近真理的重要手段。而讨论是基于科学的，科学是一个不断进步的阶梯，今天"正确的"结论，随时都可能成为"不正确的"。信息时代的科学交流除了传统的研讨会等方式外，网上资源的利用、现代科研搜索软件的运用显得更加重要。科研文献库的建立是高校科研人员文献研究的基础，有利于高校教师对已有科研成果的继承和超越，更加体现出"现代科研

成果是站在巨人肩上的结果"。一般而言，高校科研文献库越丰富，对科学研究的正影响越显著。高校科研文献库的建设形式有两种：购买文献资源和自建文献资源。购买文献资源包括从高校的科研数据库中的知网、万方、维普、超星、读秀等购买的论文、著作、文集等资源；自建文献资源包括高校特色数据库，如中国水利工程数据库、大学名师库、测绘文摘数据库、校本硕博论文库、专题数据库、特色数据库等。这些资源对学校师生的研究和提升具有重要的借鉴与启发作用。

其次，大数据使高校科研活动具有智慧性。高校教师可利用智慧检索软件，对文献信息资源进行学科分析与科研选题，或者跟踪科研进展定制个性化服务，精准查找交流，提高研究效率。

最后，大数据提高科研效益。通过大数据技术使高校科研从传统的寻找因果关系转向寻找相关关系，从而减少了研究资源的浪费，节约了研究的时间，提高了研究的效率和成果的可靠性。科学研究就是寻找大自然物理现象背后为什么的工作，大数据技术使之更容易、更接近规律，且节约成本，包括经济成本、人力成本和时间成本。正如舍恩伯格所说的："慢速的因果关系分析集中体现为通过严格控制的实验来验证因果关系，而这必然是耗时耗力的。……相关关系分析通常情况下能取代因果关系起作用，即使不可取代的情况下，也能指导因果关系起作用。""通常情况下，一旦我们完成了对数据相关关系的分析，而又不再满足于仅仅知道'是什么'时，我们就会更深层地去研究因果关系，找出背后的'为什么'。""上帝粒子"的发现、纳米孔基因测序技术、阿尔法围棋（AlphaGo，第一个战胜围棋世界冠军的人工智能机器人）人工智能技术……这些科研的突破都离不开大数据技术的支撑。高校是科研的重要阵地，高校的科学研究也需要借助大数据技术进行数据驱动的决策。

2. 科研综合信息管理与决策平台有利于提高科研管理的科学性和效率性

利用内部、外部信息，进行科研数据的分析，可以消除或减少重复立项、经费安排不合理、项目负责人不胜任等问题，从而促进公平竞争、促进科研资源的优化配置，提高科研资源使用效益。建立科研大数据平台，包括从外部主管部门科研系统中获得的科研项目的数量、类别与要求，从内部科研数据库中得到的人员、设备、经费、研究经历与研究条件等信息，从 Web 上获得的论文和专利的数量与质量等信息，从项目成果报表上得到的成果转让和奖励等信息。通过科研综合信息管理与决策平台的建立，将各类信息进行整合，对研究课题的科学性、创新性和外部文献库进行综合分析，对申请者所涉及的各项因素综合分析，将不合理的因素排列在立项之前，最终为科研项目评估专家提供决策支持。

第三节　我国高校教育管理的机制创新

高校教育管理机制创新是保障我国高校持续发展的重要途径，也是促进我国高校教育事业持续发展的动力所在。当前必须认清高校自身教育管理现状，并进行全面分析和深入研究，将创新教育管理机制放在学校建设发展的重要位置，切实提高教育管理水平。

一、高校教育管理机制创新的模式

（一）创新高校教育管理的制度

制度创新是高校教育管理的必然选择。高校可合理分权，实行校、院、系分级负责制，增加院系的权力，使决策更为开放和透明，管理更加有序；采用先进的绩效管理方法加强师资队伍建设，实施优胜劣汰制度；创新学术管理制度，增强教育效果，培养高质量人才。在教学管理创新方面，高校教学管理部门要改革教学管理体制，实行严格的制度管理。首先，为适应社会发展对创新人才的需要，高校应充分利用现有的教学资源，发挥自身的学科优势，实行学分制和选课制，给予学生充分的自主学习空间。其次，基于各学科、各层次、各岗位对人才的需求，创新人才培养模式。逐步完善培养机制，确立多样化的人才培养模式。高校可"根据各种不同的需求确立不同的培养目标、质量标准、培养模式，既要有完整合理系统的'套餐式'教育，又要有灵活方便多样的'菜单式'教育，以此来满足各类受教育者的教育需求"。最后，改革教学管理手段。在信息化大力发展的今天，高校可利用网络技术和信息技术改革传统的教学管理手段，提高管理质量。

高校教育管理制度对高校的发展起着重要的作用，好的管理制度可以提高高校教育工作的效率。对高校教育管理制度进行完善，可以从分权管理制度和绩效管理制度出发。首先，在分权管理制度方面，高校应根据每个院系、院系中的每个人配置不同的权利，同时将一部分管理的权力下放到各院系，让各院系有一定的权力进行有效的管理，这样出现突发事故时，各院系可以及时地进行处理，以便更好地解决问题，调节各院系之间的矛盾。其次，在绩效管理制度方面，高校要采取科学的制度对教师进行管理，采取科学的制度可以让教师有责任心，同时还能激发教师教学的动力，让教师不断提高教学水平，以此提高学生学习的效率。

（二）创新教育质量评价体系

俗话说，"不以规矩，不能成方圆"。建立科学的评价体系是实施教育管理的具体保障。为此，高校必须创新教育质量评价体系，从根本上确保教育质量。首先，建立全方位的目标评价体系。科学的评价目标、全方位的评价体系和完整的评价制度有利于形成全面管、全面教、深入学的激励机制。其中全方位的评价体系包括教育发展水平评价、督导评价、管理评价和学生发展评价。其不同于一般意义上的评价，是一个多方面、连续不断的评价体系，范围广泛，涉及学校工作、教师教学质量、学生身心发展等多个方面。其次，完善涵盖学生思想品德、身心素质、学习成绩、劳动素质、个人爱好等的考核评价机制。最后，构建科学合理的教师工作评价体系，提高教师献身教育事业的积极性。教师评价是教育评价的难点和关键，对教师的工作评价考核应侧重于德、能、勤、绩等方面，辅以学生的测评和学校评定。在构建教师评价体系的过程中，学校要根据自身的教育目标、教师的工作任务制定科学合理的目标体系和评价标准，既注重考核指标的科学性，又注重管理的人性化，以此来激发教师的积极性和创造潜能。

（三）创新高校教育管理的理念

大学生对于新鲜的事物有很强的好奇心和兴趣，因此高校在进行教育管理时要利用新兴的事物进行管理，这主要是了解大学生的内心需求，在教育管理中让学生对此感兴趣，使学生更好地遵守高校教育管理。另外，高校在进行教育管理时，要让管理的理念更加具有科学性，以适应社会的发展，因此，高校可以为大学生塑造一个安静的学习环境，让大学生在校园内提高学习的兴趣。此外，高校还要注重学生的个性化发展，培养学生善于思考的品质，让学生自己发现问题、提出问题，并解决问题，同时还要营造学生之间可以互相讨论的氛围，培养学生动手实践的能力，促进学生兴趣的发展。

二、加强我国高校教育管理机制创新的策略

（一）将教育管理与互联网技术相结合

互联网能融合各个领域的学习资源的能力，将其应用到培养人才上，学生能更好地学习公共课程，建立更好的学习体系，突破专业的限制，利用网上资源学习选修课程，丰富了自己的知识体系。利用互联网来对学生进行教育，这一平台为教师教学提供了很大的便利，让学生更高效地捕捉到有用的学习知识，利用网络的多元化，可以极大地开发学生的创新思维，增强学生的学习兴趣。学好了专业知识，怎样才能将知识淋漓尽致地发挥出来，这就需要实践，实践是检验真理的唯一标准，也是将知识得到延伸的一个办法。教学一定要结合实践来进行，这样专业知识才能被学生充分吸收，学生将来才能很好地将知识运用到实际工作中，这对我国未来事业的发展有很大作用。

在传统的高校教育管理工作中，制订教学计划和管理模式只在高校内部管理层面进行，基层师生很少参与其中，大部分高校也没有建立一套完备的反馈机制，高校内部的管理人员与基层学生沟通较少，不利于提高学生的学习积极性和创新意识。高校应该坚持"以人为本"的重要理念，充分了解学生的教学需求，结合考虑学生的未来发展情况和就业趋势，完善教育管理体系，调整教学计划和教学课程的安排，灵活运用教育管理原则，避免教育管理走上"行政化""机械化"的道路。教育管理工作应做到透明公开，同时将创新教育质量和学生社会实践发展水平作为高校教育考核的标准，做出专业的评估，做出公开性的研究报告和总结，接受社会监督。

（二）教育管理要坚持以学生为主体的理念

教育管理应该充分坚持以学生为主体的教育管理理念，站在学生角度出发，采取合理的措施来积极引导学生学习，在传授学生知识的同时帮助学生培养高尚的品格，促进学生全面发展。从教师团队的角度来说，教师需要不断地提高自身的专业水平，提高自身的综合素质，积极适应科学技术快速发展的步伐，积极学习教育管理的新知识和新技术手段，只有这样才能建立一支优秀的教育管理团队。

（三）修改人才质量评价指标，创新人才培养机制

当今社会要求毕业生具有优秀的社会实践能力，而不是单一的丰富的理论知识，同时要求大学生要有创新意识，这样他们才能在社会的发展潮流中紧跟

时代的步伐。高校应该明确高等教育的创新改革目标，将创新精神和社会实践能力设置为评价优秀人才的指标。政府管理部门应该配合高校教育管理工作，共同制定具体的人才培养指标，服务于学生，结合社会经济发展前景，培养出高素质、理论与实践相结合的优秀人才，制定面向未来的创新型人才培养机制。

与此同时，高校还应该考虑学生的未来就业情况，注重培养学生的就业能力，注重培养学生将理论知识应用于实践、应用于生活，制订一系列符合学生未来就业发展的教学计划，开设与学生专业相联系的跨专业课程。此外，还要加强校企合作，让学生在新兴的大学生就业模式中，把理论知识应用于社会实践，提高就业能力和社会实践能力。培育高素质人才，有利于提高高校知名度，吸引各种资源支持高校教育管理创新工作。

（四）重视高校教育管理的信息化建设

当今，随着科技的发展，我国已进入信息化的社会，在高校教育管理中可以应用信息化技术，高等教育走向信息化也是社会发展的必然趋势。首先，高校领导要意识到信息化建设的重要性，调整现在信息化教育管理中存在的问题。其次，高校领导要正确决定信息化建设的规模，决定资金的来源，组织技术队伍的建设，从而更好地运用信息化来加强高校的管理工作。再次，高校在运用信息化进行教育管理时，各院系要根据院系的实际情况，提出相应的意见和建议，在建设的过程中，要对信息的资源进行一定程度的管理，让信息成为资源，这样高校各院系才能更好地共享资源，让信息资源发挥最大的作用，这样也有利于高校各院系运用信息化来实施管理。最后，高校领导还可以利用信息化对高校的网络进行完善，让教师和学生通过官网就可以看到高校教育管理的相关制度的改变，以便更好地遵守高校教育管理制度。

（五）加强高校教育管理专业队伍的建设

高校对教育管理机制进行创新，需要实施者来推进学校教育管理工作的实行，此时就要建立高校教育管理专业队伍。首先，高校教育管理者要以学生为主体，尊重学生，激发学生的主体性，以此培养学生的创新精神，让学生感受到温暖与关爱。另外，高校教育管理部门要对教育管理人员进行培训，邀请优秀的专家或有丰富经验的员工来进行培训，培训的内容包括如何进行高校教育管理和实施的具体方法，并培训员工的组织管理能力。其次，高校教育管理部门要建立一定的考核制度，规定考核的标准和内容，强化人员的绩效指标评价，以此挑选出优秀的人员，并对这些人员进行培训，组建一支优秀的高校教育管理队伍。此外，高校还应拓宽高校教育管理专业队伍的培养渠道，招聘优秀、有能力的管理人才，在招聘这些人才时可以实行校招的方式来招聘专业的优秀大学生，同时对这些大学生进行一定的培训，使之成为有能力的人才。

（六）建立民主化的教育管理方式，创新管理方法

良好的教育管理方式是通过优秀的管理者制定和实施的，建立一支强大的教育管理团队，拥有最先进的教育管理理念和民主意识，才有可能形成一套科学的管理制度，为了提高人才培养质量，高校应充分发挥自身的学术优势，为学生提供丰富的教学资源，鼓励学生自主学习和创新发展。另外，高校要不断创新人才培养机制，为了满足社会对人才的需求，在人才培养模式中走多元化的道路，高校可以根据不同岗位和不同层次的需求，确定相应的培养目标和培养模式，以此来满足大多数教育者的需求。

现代大学生对新兴事物的兴趣较为浓厚，个人主观意识较为强烈。高校教育管理者要充分调查和分析当代大学生的内心需求，以满足大学生的个性化发展为目标，创新管理方法。

教育管理者应改进原有的管理方法，采用现代管理的先进方法，在管理方法的选择上，要突出人性化和科学化。大学生是管理的主体，管理方法应贴近大学生的兴趣点，尽量使用大学生喜爱的、常用的信息载体作为开展教育管理的工具，如微信、微博等。教育管理者应充分利用校园网站的作用，通过校园网站与大学生建立联系，并建立学生反馈信息的平台，及时获知学生的思想动向，改进管理方法。教育管理者必须紧跟时代的步伐，改进管理方法，与时俱进，这样才能真正提升管理效果和效率。

（七）完善政府的服务职能

政府在高校教育管理机制创新的阶段，应该积极配合，把自身定位在"服务于教育管理创新"的地位，弱化对高校的行政化管理，重点放在引导高校制订有效的教学计划、制定相应的法律规范以保障高校教育管理创新工作的实施，为创新过程中出现的新情况提供良好的解决方案，帮助高校建立一套完善的教育管理机制，给高校管理者充分的自主选择权，减少控制，多对高校进行宏观调控和监督，为高校发展提供资金扶持，更新校园硬件设施和教学设备。同时，政府还可以利用管理上的便利条件，搭建公共平台，组织各高校相互沟通、合作，高校为培育高素质人才、提高学校知名度而展开竞争，增强了教育管理创新的积极性和主观能动性，为高校创新教育铺路。

政府主管部门应该与高校合作，通过张贴告示、印刷传单或者宣传手册，以及运用各种新媒体，大力宣传加强高校创新创业教育的重要性，使得人们从观念上形成对创新高校教育管理的正确认识，促使高校内部管理人员和基层师生共同实行，自觉行动。加强对高校教育管理机制创新的宣传，有利于深入改革创新。在宣传的过程中，做好总结经验和推广方法的工作，丰富宣传形式，加大宣传力度，为高校的创新改革营造良好的社会环境。

（八）创新教育管理体系，增强学生的创新创业精神

高校应该坚定创新信念，结合当今社会发展背景，创新教育管理体系，完善教育管理机制，科学制定创新举措，明确培育人才目标，为课堂融入社会就业信息，调整教学课程设置，提高一线教师的综合素质，使教师在授课的过程中开发学生的实践能力和创新意识，在公共选修课中增设就业能力培养、创业指导等课程。利用现代多媒体教学方式建立创新型的教学计划，使学生通过多种多样的途径获取丰富的教育资源和外界信息，高校还应该及时主动地更新学校的教学设备，为一线师生提供良好的教学环境，以利于提高学生的学习积极性，促使高校教育管理工作稳定运行。

高校内部拥有一套良好的创新教育管理体系可以提高培养高素质优秀人才的效率，健全的管理体系少不了过硬的教学设施，因此，高校应该主动投资建设专业实验室、图书馆等，让学生在开放和共享的教学环境中学习知识，为学生提供完备的科技创新资源，建立一套完善的科技评估标准，将学生的使用情况和科技创新结果记录整理，并留存下来。

高校还可以联合企业举办大学生创新创业大赛或者专业技能大赛，在实践中检验高校学生的理论应用能力，不定期地举行科技创新大赛，提高学生的创新能力和创业积极性，增强学生的实践能力。高校和企业可以制定标准，挑选符合标准的优秀人才或者团队，为其提供学业上的支持，如通过奖学金资助、为高校大学生创新大赛等提供赞助等方式，鼓励大学生大胆创新创业。

三、高校教育管理机制创新的意义

（一）适应新形势和高等教育自身发展的需要

21世纪我国国际化程度不断加深，加之移动互联网迅猛发展，时代变革给整个社会带来巨大的发展机遇，同时也迫切要求社会变革创新以适应时代的变迁。社会的变革需要大量优秀的创新型人才，优秀人才的培养则依靠的是高校

教育管理机制的创新。

当前高校处在一个知识爆炸、各种观念日新月异的时代。在人才竞争激烈的市场经济环境下，高等教育的发展面临着前所未有的机遇和挑战。在这样一个机遇与挑战并存的大环境下，高校只有尽快适应新形势的需要，在高校教育教学改革的浪潮下，尽快运用创新教育管理理念改革高校教育管理的制度、方法。在扩大招生数量的同时，运用科学、先进的教育管理方法努力提升教育教学质量，提高在校生的能力和素质，为社会培养更多高素质的人才。近年来，随着高校办学规模的扩大，学生数量增加，高校出现了毕业生素质下降和就业难等问题，这些问题的出现在很大程度上与高校现行的教育管理模式有关，高校教育管理的滞后导致其难以跟上教育改革和发展的步伐，难以适应社会发展的新需求，在一定程度上阻碍了高等教育的发展。因而，高校教育管理机制创新就势在必行了。

（二）高校解决自身管理弊端的需要

现阶段，各大高校的教育管理仍然遵循传统的教育管理模式，存在一定的滞后性，限制了教育管理人员的思维拓展，机械化和行政化的工作模式缺乏民主性，且高度集中的管理模式令高校没有形成完善的教育管理制度。高校制订的一系列计划难以遵循一定的规则，解决问题的方式缺乏后续保障，这些都不利于高校教育管理的顺利进行。

当前高校教育管理的弊端主要表现为教育管理观念比较落后，习惯于按照传统的经验和管理方式来处理和解决问题，民主化程度不够高；教育管理没有形成一套完整的管理标准和管理制度，很多还停留在计划经济的层次上；缺乏一支强有力的教育管理队伍。例如，现有的教育管理模式多是由管理者制定和实施的，而被管理者的意见往往很难被采纳，导致评价方式缺乏科学合理的评价指标和反馈系统。为使高校教育管理更好地适应教育发展的需要，高校必须进行教育管理机制的创新，解决自身在管理中存在的种种弊端。

（三）能够促进高校教育的发展

当今，随着经济的不断发展，科技和信息化也得到发展，社会竞争对人才的需求增大，同时在高校不断扩招下，高校的规模也逐渐扩大，就此出现高校教师比较缺乏、毕业生的质量下降、就业难度加大等问题。而高校的教育管理机制的创新，可以增强教学管理的科学性，根据社会的需求，培养出更多的适合社会发展的人才，从而促进我国教育事业的发展。

（四）顺应时代的发展

当前，在经济全球化的趋势下，我国与国际之间的联系也更加密切，科技水平也在不断提高，进入信息化的同时我国的教育体制也在不断地进行改革，而高校作为培养人才的地方，对社会的发展有着重要的作用。对高校教育管理机制进行创新，可以让高校顺应时代的发展，在教育管理机制方面敢于创新，并不断改进教育教学管理的方法，以此提高教育的管理水平，满足社会发展的需要。

当今世界，文化软实力对一个国家的经济发展发挥着巨大的作用，知识经济的发展已经引起了世界的关注。推动知识型经济的发展，就必须有高素质的创新型人才做后盾。国家要发展科技文化，对人才的需求和标准越来越高，各大高校肩负着为国家培养优秀人才的重大使命，必须顺应社会发展的潮流，通过创新教育管理制度，建立一套灵活、完善的教学计划和管理规范，调整教学课程，提高高校内部管理人员和教师的综合素质，走内涵式发展道路，努力提升人才培养质量。

第四节　我国高校教育管理发展的对策

当前的时代正处于"云、网、端"的时代，2016年初，IBM顺势而为推出"认知计算"，将其作为下一代科技创新战略，从而接替"智慧地球"。网络3.0、"物联"的今天，"云脑"的明天，由人、物、环境组成的"原子世界"将被由软件、数据、算法组成的"比特世界"代替。在比特的世界，软件、数据、算法是智慧之树的三朵奇葩，数据是智慧产生的土壤，数据是智慧革命的核心。高校教育管理成为"比特世界"一个小小的关节点，也是至关重要的关节点。高校教育管理的发展经历了三个阶段：古代的经验管理、近代的科学管理（样本教育管理）和现代的教育管理。而现代高校教育管理又有三种境界：信息化教育管理、智慧化教育管理和生态化教育管理。以生态化、智慧化、人文性为特征的文化教育管理是高校教育管理的最高境界，在高校数据"生态圈"中，各类教育管理是"融通、共享、互激"的存在关系。

当前，我国高校正处于信息化教育管理向大数据教育管理转变的阶段，在高校教育管理新范式建立过程中，体制机制建设是关键。正如玛丽莲·艾米和凯姆·万德林登所言：信息技术所带来的变化是关于组织政策、所提供服务类型、财政预算与支出、内部工作流动与工作行为、信息技术应用成果等方面的转变。因此，有必要充分借鉴国外高校教育管理经验，深入思考促进我国高校教育管理发展的关键问题，并提出具有科学性、可行性和可操作性的对策。

一、树立高校教育管理发展理念

（一）树立分享理念

高校信息技术是教育管理的基本保障，其承担的重要角色有两个：一是连接作用，连接师生、人与资源、师生与学校；二是支撑作用，支撑"教"和"学"，使之富有效率和创新。国外发达国家高校教育管理发展较早，数据治理理念比较先进，突出信息技术与人的融合，这对我国高校教育管理发展有着重要的借鉴意义。如马里兰大学将"推动创新"作为学校信息技术发展的价值追求；"让师生更强大"是印第安纳大学信息技术的发展目标；"使师生的学术更加卓越"是哈佛大学信息技术的发展愿景。美国艾伯林基督大学提出了21世纪的教育理念，从多个角度区分21世纪的教育与20世纪的教育的区别。艾伯林基督大学秉承"合作学习是最有效学习"的理念，以移动技术为载体，努力创建一个时刻连接着学习体验的融合学习社区。艾伯林基督大学通过移动设备将教师、学生联结在一起，成为一个学习共同体：课堂上，教师在移动设备和其他应用程序的辅助下，创设参与性的学习环境；课堂外，学生利用移动设备实现移动学习，打破课堂限制；在社交、管理等方面，移动设备都已在艾伯林基督大学广泛运用。借鉴之，我国高校教育管理的发展理念要强调"连通与分享、人技相融、应用体验"的特点，要体现中国特色、彰显学校个性。高校要打破部门、学校、行业、地域、国域等界限，建立协同机制与分享机制，从最大限度上实现教育资源和数据资源的共建、共享与共融，从而实现高校课堂教学结构的根本变革，实现教育管理水平和教育管理效益的显著提升。

（二）坚持"以用户为中心"导向

我国高校管理层要树立"用户中心"的管理导向，以学校战略发展目标为指导，以业务流畅性为准绳，融合软件、硬件，面向用户提供简单易用、明确统一的集成化服务，以大数据技术推动学校管理模式、教育教学模式的变革。高校在信息技术规划管理应用方面，要突出人与人、人与资源的高度融合，开发一个统一的、无处不在的平台，简化管理任务，使其更容易被学生接受。该平台是学校业务和"注册办公室"的扩展，并将成为高校的门户网站，为学生提供持续易用的账户、课程表、登记材料、成绩和校园信息的访问。它好比是传播紧急信息状态的自动短信和语音广播；是集成校园、地方警察和医务人员的客户端；是"商务办公"的扩展，能够实现账单支付、购票、买书、购物及财政账户管理的无线交易；是"注册办公室"的扩展，有利于课程招生、学习过程的互动和动态的成绩访问；是与校友和家庭保持联系的工具；是集培训和教师/员工访问的统一平台；是传播校园信息的统一平台。高校要加强基础设施建设，寻找一种灵活的、可扩展的方式去替代老化的电信网络设备，同时，寻找对老化设备改进的策略，如简化支持，满足学生和教师的需求，帮助学校创收等。融合设备，如 iPhone 或 iPad 是课堂交互性的硬件设备，这些"综合背包"也将尽量减少学生必须携带的学术工具，减轻学生负担，提高教师教学的可靠性，高校应推进这些"综合背包"在教育教学管理中的应用。

二、坚持高校教育管理发展原则

高校教育管理发展涉及制度建设、平台搭建、管理模式创建、人才队伍建设等，明确工作原则是其成功开展的前提和保障。高校教育管理发展的原则主要包括"以人为本"的原则、扬长避短的原则以及疏堵结合的原则。

（一）"以人为本"的原则

高校教育管理具有属人的特点，无论是教育管理的物理设施建设，还是教育管理的隐性文化培育，都必须坚持"以人为本"的原则。首先，平台是基础，高校应完善教育管理的基础设施建设，构建学生的物理学习空间和网络学习空间，形成线上线下相融合的立体化学习模式，这些物理设施要体现"用户至上"和"学生本位"的价值追求；其次，高校教育管理的软件系统在开发之初，就应以最大限度地发挥人的主动性、维护人的尊严为基本标准，以人的全面、自由和个性化发展为根本目标；最后，高校教育管理文化不是冷冰冰的数据理性，而应将人文关怀融于其中，防止人的尊严、人的价值在强大的技术理性面前被贬低、被异化。

（二）扬长避短的原则

大数据的双重效应给我国高校教育管理带来了机遇，也带来了挑战。高校在制定应对规划、战略、制度时要遵循扬长避短、趋利避害的原则，发扬大数据在促进民主、平等、公正、自由的大学文化建设及科学研究方面的优势，利用大数据的及时性、动态性及互动性等优势，营造新型师生关系；利用大数据的预警性来判断教育管理动态趋势，做到防患于未然；利用大数据的先进性，提升教育管理信息的安全性，从而保护师生隐私和数据财产不受非法侵犯。当然，对于大数据可能产生的隐私泄露、人之异化及数据霸权等消极影响也要提前防范。

（三）疏堵结合的原则

在文化多样性的信息时代，人工智能技术的使用给高校学生教育管理工作带来了空前挑战，特别是西方多元价值及美国推崇的普世价值，将借助大数据、网络等技术载体快速传播和渗透到我国高校师生中。针对西方政治、文化及思潮的入侵，我国高校要坚持疏堵结合的原则，宜疏则疏、宜堵则堵。利用人工智能技术的互动性和及时性特点，对一些不良文化观念进行疏导，做到因势利导，为管理者和被管理者提供交流沟通的平台与机制，而不能简单地围追堵截，传统封堵的方式会适得其反。但是，对于违反高校教育管理基本制度的错误行为和思想，必须利用人工智能技术的预警性优势，做到早预防、早发现、早治理，把问题消灭在萌芽状态。

三、加强高校教育管理顶层设计

顶层设计具有长远性、战略性、科学性的特点。科学的大数据发展规划、完善的大数据发展机制及民主的治理模式，是马里兰大学教育管理成功的重要因素，这对我国高校教育管理有着重要的启发意义。

（一）制定战略规划

我国高校要加强教育管理发展的顶层设计，就必须制定学校发展战略规划，这样才能做到胜券在握。美国高校在此方面也有较好的做法值得学习——马里兰大学的信息技术规划，其两大关键问题是资金来源及决策机制，在资金来源方面，该大学构建了全校性的以集中为主、适当分权的长效信息技术投资机制，以保证资金的高效分配和投资；在决策机制上，采取多群体参与的信息技术治理结构。正是基于用户主导、各群体广泛参与、民主治理的模式，马里兰大学的"信息技术战略规划"成为全校性的共同愿景，从而降低了在实施过程中来自用户的阻碍。高校教育管理变革是一场"自上而下"的变革，这要求我国高校管理者在制定战略规划的时候，要用战略的眼光、可持续发展的原则和开放协同的思维去行动。高校教育管理发展要以建设"绿色、节能、智能、高效"的"智慧校园"为目标，对利益分配、资源统筹、平台搭建、治理结构、评价激励等方面进行精心设计和规划，突出人与技术的深度融合，体现"大技载道"的技术智慧和技术人性，激发各方参与的积极性和主动性，最终促进高校教育管理质量和效益的提升。

（二）加强组织领导

专门的教育信息管理机构是必要的。2012 年，教育部成立了教育部信息化领导小组，同年，教育部成立教育信息化专家组，用以指导全国教育信息化推进工作。从宏观上看，在各级各类学校逐步建立教育信息化首席信息官制度，明确一名分管领导担任首席信息官，全面统筹本单位信息化的规划与发展。要明确教育信息化行政职能管理部门、业务应用推进部门、技术支持部门等各主体在教育信息化建设应用格局中的责任与义务，建立教育信息化和网络安全问责机制，确保教育信息化的健康、有序发展。从微观上看，高校要将信息化、智慧化与现代大学治理紧密结合起来，促进信息技术与教育教学和服务的深度融合。高校信息化领导机构需要重新调整，信息化部门要从单一的技术管理型向技术型与管理型并重的方向转变，加强海量数据的分析利用，充分发挥其潜在价值。

2016 年 6 月，教育部《教育信息化"十三五"规划》明确提出，要建立"一把手"责任制，逐步建立校领导担任首席信息官的制度，全面统筹本单位信息化规划与发展。西安电子科技大学校长杨宗凯曾在"中国高校 CIO 论坛"上提出"信息的核心就是利益重组与流程再造，只有确立了首席信息官，才能真正实现重组"。美国超过半数的大学均设有专职和首席信息官，参与制定学校战略性发展规划，为学校科学决策和科学管理提供信息服务，设计和管理学校技术服务与应用，建立信息技术与大学变革之间的桥梁。美国高等教育信息化协会早年间发布的调查显示，独立设置首席信息官职位（参加学校决策，具有副校级别的权限和责任）的学校占比为 39.3%，副校长具有首席信息官头衔的比例为 16.18%，教务长、校长等具有首席信息官头衔的比例为 6.93%，技术部门主任具有首席信息官头衔的比例为 28.9%。这对我国有一定的借鉴意义，不管是独立设置的首席信息官，还是兼职首席信息官，都要发挥他们在学校决策战略中的"核心"作用，必须能够影响大学决策，这样才能真正实现管理上水平、管理智慧化。一个称职的高校首席信息官必须具有复合能力，包括系统规划能力、信息化教学和课程改革领导能力、教师专业发展领导能力等。在工作态度上，高校首席信息官要积极主动，不能等待首席执行官来灌输发展战略、业务部门来反馈信息技术需求、下属来汇报系统问题，而应积极主动向首席执行官提供决策影响，且不断提高影响力。在工作内容上，高校首席信息官不仅要关注技术，更要关注业务。信息技术的业务价值在于业务运营、业务增长、业务转型，如果不关心所在机构的整体业务目标和战略，那么就无法提出引起领导层感兴趣的方案。在工作创新上，高校首席信息官要学会变革管理。总之，高校首席信息官一定要积极推动创新，不管是技术创新还是应用创新；一定要主动研究变革，无论是技术变革还是研究组织变革；一定要关注目标，不仅是信息技术目标，更重要的是总体发展目标。

（三）明晰发展架构

麻省理工学院的开放课程计划（OCW）项目目标定位清晰、体系结构合理，OCW 项目总监行政部门的出版组、技术组、评估组、沟通组四个职能团队各司其职，保障开放课程的顺利实施。课程的整个发布过程是流水线性进展的，从课程登记到课程资源准备和设计再到内容的格式化和标准化、建立课程站点、初步评价、阶段发布、故障排除和完善等，各环节紧紧相扣，流水线化保证了工作效率的提高，降低了项目运作成本，并且分工协作，从而整体推进了工作进度。同样，我国高校教育管理发展必须有一个清晰的架构，使数据采集、管理、使用、维护等各环节衔接有序、运转顺畅，从而促进学校各项事业的可持续发展。我国高校要借鉴发达国家高校教育管理发展的经验，依据《国家中长期教育改革与发展规划纲要》的精神，制定符合学校定位与发展实际的大数据发展规划。坚持业务导向和问题导向，坚持建设与运维并重，要提出具体明确的大数据发展战略规划目标，要在广泛调研的基础上提高制度建设以及规划方案的科学性和可操作性，考虑全员的利益，加强需求调研的透明性，让数据中心的建设效果最大化。

四、促进高校教育管理协同发展

凡是成功的教育管理案例，无一不是多部门单位协同的产物。麻省理工学院秉持"卓越、创新和领导才能"的价值追求，坚持"提升知识、传授科学和其他领域的知识，使 21 世纪国家和世界变得更美好"的办学目标，自 2001 年开始实施 OCW，这个计划延续了美国高等教育分享的理念，其追求开放的、优质的、方便可获取的教育资源最大化。麻省理工学院也是开放教育和网上教育的先行者，其 OCW 行动对世界教育产生了深远的影响。OCW 的成功是多方合作的结果，OCW 具有良好的合作机制，其合作伙伴包括赞助基金会、学院赞助人。多方合作的机制帮助和促进了麻省理工学院 OCW 行动能够集合多方的优势资源，包括项目基金会的运行、项目评估的支持以及厂商合作的支持，共同支持了该项目的成功实施和大规模推广。我国高校教育管理建设也要协同政府、企业、高校及研究机构的力量，共同促进高校教育管理的智慧转型。

（一）政府宏观引导

在高校教育管理协同机制中，政府主要在政策法律法规、资金投入、协同科研、标准制定、考核评估和宣传奖励等方面发挥宏观指导作用。首先，国家要加大相关标准和立法的制定。促进高校"智慧教育"的法律法规包括两类：一类是规范法律，另一类是促进法律。高校教育管理生态系统中的关键因素当属隐私、安全和道德问题，对于隐私的保护、安全的保障和所有权的澄清是大数据技术应用不能回避的挑战，必须正视且合理解决，以促进大数据技术正确合乎人伦地使用而不被误用、错用，促进其工具理性与价值理性的统一。目前，我国高校促进网络学习的考试制度、诚信制度、评价制度还是空白，需尽快出台。普通教育与职业教育和继续教育的沟通有赖于终身学习成果认证体系及学分累计及转化制度的建立。对于诚信问题的解决，可以借鉴 Coursera 依靠网上监考技术、凭借打字节奏判断学习者是否本人的方法，也可以借鉴 ETS 英语四六级在线考试的改革方式，联盟高校相互设置考点，学生就近机考。

要完善制度规约，寻找实现高校教育管理价值、规避风险之道。一是我国政府要建立健全数据的采集、审查、公布、存储、使用、保护制度，平衡管理创新与隐私保护、数据规范与自由发展。二是我国政府要加大对高校教育管理研发的资金投入，重点在人工智能、实时处理海量数据及数据可视化分析及应用方面。三是我国政府要改进购买、使用和审核的分离，提升"信息化建设项目"的可持续性；要坚持集约化，提升投资绩效；推动机制创新，推动信息技术与高校教育教学深度融合。四是我国政府要实施"智慧教育"重大应用示范工程。

（二）社会积极参与

高校教育管理发展离不开社会力量的参与，高校要与企业协同，发挥各自优势，共同研发教育管理大数据技术和培养大数据人才。2016年12月，国家发展和改革委员会确定了19个国家工程实验室；8个"互联网＋"领域国家工程实验室，其中，"互联网教育关键技术及应用国家工程实验室"名列其中，由全通教育集团（广东）股份有限公司和北京师范大学共同承担；11个大数据领域国家工程实验室，其中，"教育大数据应用技术国家工程实验室"由华中师范大学承担。这些国家工程实验室除了清华大学、西安交通大学和深圳大学等高校参与外，还有百度、奇虎360、圆通速递等重要企业，以及中国科学院计算机研究所、上海数据交易中心有限公司等单位参与。"十三五"期间，教育部继续深入开展与中国移动、中国电信及中国联通三大电信运营商的合作，这是政产学研协同育人的良好举措。实际上，在校企合作方面，各高校已进行了有益的尝试，如西安电子科技大学与360公司合作，以西安电子科技大学网络与信息安全学院以及国家网络安全人才培养基地平台为依托，共建西电-360网络安全创新研究院。目前，与360公司展开合作的高校有北京大学、武汉大学及西安交通大学等高校。我国高校要加强与企业合作，结合学校实际，联手打造具有本土特色的"智慧教育"方案，建立高校大数据技术与安全保障体系，以技术、方案、服务和运营推动教育服务市场发展。同时，高校也应利用自身对教育教学管理业务熟悉的优势，依托学科、专业，结合教学实际，研发相关大数据产品。

最后，还要借助社会力量促进高校教育成果的推广和应用。目前我国规模最大、最权威和最具影响力的教育成果展是中国国际智慧教育展览会，从2014年开始在北京举行，是我国首个专注教育信息化的展览会，旨在促进信息技术领域与教育教学领域融通，集合依托政府保障、传达权威学术、专业化商业运作的实力化展现方式打通教育信息化发展"最后一公里"。2016年展览会仍由教育部直属单位中国教育学会主办，《中国教育学刊》杂志社、北京国新署报刊信息咨询中心有限公司和北京雅森国际展览有限公司承办，展商近300家，并集中展示了30个教育信息化示范校自主建设的真实案例，三天累计参观3万多人次，全国30多个专业观众团参加。展览会着眼为"智慧教育"提供一体化、一站式的解决方案，更加注重为学校设计整体性的系统平台。展览会定位高大上，产品紧跟前沿技术，但是观众多是"心动"，离付出行动还有一段距离，原因是多方面的。同时，全国各地不同规模、不同类型的"智慧教育"展览会举行的并不多，少数省区有相关展会，但也局限于小范围交流。因此，寻找阻碍"智慧教育"方案推广的原因，推动方案落地，政府、高校和企业还需要付出更多努力。

（三）开展国际合作

我国高校教育管理必须抢抓机遇、博采众长、知己知彼，方能实现跨越发展。国外发达国家在教育、经济、科技、人才及国家综合力上具有先天优势，抢得了教育管理发展的先机，并积累了一定的经验，这对我国高校教育管理具有重要的借鉴价值。韩国、新加坡、日本、加拿大、欧盟及以色列等国家和地区的"智慧教育"已取得初步成效。因此，我国高校要建立国际交流与合作平台及机制，避免走错路、走弯路，促进走对路、少走路、大超越。首先，我国高校要加强在教育管理技术方面与国外高水平高校的合作，增强我国大数据关键技术、重要产品的研发力，拥有技术主权，避免技术垄断；其次，我国高校还要加强在学科建设及人才培养等方面与国外的交流与合作；再次，我国高校还要坚持网络主权原则，积极参与数据安全、数据跨境流动等国际规则体系建设，促进开放合作，构建良好秩序；最后，高校教育管理的变革是一项系统工程，牵一发而动全身，面对全球"智慧教育"的发展潮流，必须保持理性，既不能跟风，也不能坐失机遇。总而言之，我国高校在学习借鉴国外高校教育管理成功经验的同时，要用批判的眼光和战略的思维，提出适合国情、能够解决实际问题的本土"智慧教育"方案。

五、建立高校教育管理利益分享机制

高校教育管理发展是一项系统工程，需要建立多方参与、无缝对接的合作共同体。推进高校教育管理面临的阻力有很多，包括资金、技术、人才及体制机制等，其中体制机制是关键，利益共享是各方密切合作的动力。这个合作共同体也是一个利益共同体，不同的利益诉求、相同的求解方式，将多方联结在一起，所以说，建立健全利益共享机制具有"射人先射马"的战略意义。如在国内大部分高校的开放课程建设投资中，占比较多的是政府和高校投资，社会公益投资很少，高校教育管理的成本分担机制没有形成。要构建多方融资的渠道，就必须有合作方各自利益点的发掘。有些高校已经尝试实行学分互认，为了长期可持续合作的需要，建议可以尝试推行完全学分制，或者在目前不完全学分制的基础上，对各门课程学分估价，对于依托合作高校在线课程修满的学分，可以给合作高校适当费用补偿。另外，建议建立科研数据的分级共享机制，对于造福全人类的科研数据建议建立数据开放共享的激励机制。国家在宏观政策的引导上，对致力于推进知识传播、文化发展和社会进步的 MOOC 资源进行经费补偿；设立"智慧教育"进步奖，对推进高校教育管理的相关教师及管理者进行表彰奖励；甚至鼓励学校内部实行教师职称评聘等制度改革，对高校教育管理相关奖励予以肯定和倾斜；在国家高等教育教学成果奖的评选导向上，建议将高校教育管理作为未来教学成果奖评选的重点内容之一。

六、构建高校教育管理评价体系

教育数据"资产"无疑是智慧教育构建的基石，只有建立科学的评价机制，才能推动从数据采集到数据利用"一体化"的发展，实现"智慧教育"的良性循环发展。OCW、艾伯林基督大学及英特尔®未来教育项目无一例外给予评估活动高度重视，在制度、资金及专家、人员等方面给予保障，这带给我们诸多思考。

（一）建立完善评价体系

OCW 在组织架构上，将评估咨询委员会作为麻省理工学院院长办公室下重要的一级机构，其建立了一个专门的评估团队，设计一个集项目评估和过程评估于一体的评估体系，并分别拟定了评估档案。项目评估侧重评估课程的访问情况、使用情况和影响情况；过程评估考察 OCW 的实施过程，评估其工作效率和效果。项目评估与过程评估体系相结合的方式，有助于评估团队全方位了解项目的实施和进展情况，以便制定相应的改善措施。另外，艾伯林基督大学也高度重视评估工作，对移动学习项目进行持续的监测和评估，每年都会发布移动学习报告，为学校下一步科学决策提供依据。我国高校应加强督导，形成对高校教育管理的评价机制和反馈机制。要加强教育管理评价体系的顶层设计，应将大数据基础设施和制度建设作为高校的基本办学条件之一，作为一个高校是否达到现代化的重要观测点，纳入学校的基本评价指标体系之中。同时，建立高校教育管理建设和实施过程中各个环节的具体评价体系，做到"无事不规划、无事不评价、无事不反馈"。高校教育管理评价体系的设计要突出教学的中心地位，坚持效果评价与过程评价相结合的原则。

（二）建立完善评价方式

英特尔®有一个明显的特点，就是强调评估的重要性，从一开始就实施评估流程。英特尔®未来教育项目斥巨资进行教育评估，其采用第三方客观评价的方式进行。我国高校教育管理中，也要重视各种规划或工作的实施情况，进行阶段性和总结性评估，评估实施状况与实施效果是否达到了最终的目标。我国高校需建立量化督导评估，将督导评估结果作为相关人员奖励和问责的依据，以提升学校发展教育信息化的效率、效果和效益。我国高校教育管理建设中，既要关注整个数据治理的全流程管理，又要关注数据分析和利用的效果评估，通过对高校数据采集、数据全流程管理、数据质量、数据治理能力、数据利用等各个环节的项目评估、过程评估和效果评估，促进高校教育管理各个环节的改进。当然，这是一个长期的持续优化和迭代的过程。

七、强化高校教育管理师资培养

人，是第一位的生产要素。马克思说："在一切生产工具中，最强大的一种生产力是革命阶级本身。""历史什么事情也没有做，它并不拥有任何无穷无尽的丰富性，它并没有在任何战斗中作战。创造这一切、拥有这一切并为这一切而斗争的，不是历史，而正是人，现实的、活生生的人。"加强专业人才培养，建立健全多层次、多类型的教育管理人才培养体系，是未来我国教育管理战略的重要人力资源支撑。由于信息化的技术特征决定了人才投入是更具决定性的因素。专门的工作队伍建设是高校教育管理发展的重要人力资源保障，高校教育管理人才应当是"技术背景+管理教学专家"的双重身份。然而，目前我国高校教育管理人才的现状是，教师素养普遍不高，对新媒体技术重要性认识不足及技术运用能力较低。我国高校教育管理师资队伍建设可以从以下几个方面着手。

（一）改革培训体系

教师是大数据时代"更加成熟的学习者"，教师和学生之间是相互协作的。高校在人才培养方面具有特殊使命，不仅要培养数字公民，对教育者自身的信息技术能力也要求很高。信息时代教师角色将发生巨大转变，由传统的"知识占有者"向"学习活动组织者"转变，由传统的"知识传授者"向"学习的引导者"转变，由"课程的执行者"向"课程的开发者"转变，由"教教材"向"用教材"转变，由"教书匠"向"教育研究者"转变，由"知识固守者"向

"终身学习者"转变。高校教师的信息素养包括对信息的收集和处理能力及运用信息技术进行专业教学和提升的能力。教育部提出要在"十三五"期间"建立从业人员的岗前培训和岗位继续教育制度，提高全体人员的网络安全意识，提升从业人员的职业技能和水平"。借鉴美国及英特尔®的教师培训项目经验，我国高校应建立并完善教师专业发展培训课程体系，重新设计教师职前培训项目，将原有的一节技术课程转变为可以使教师深入运用技术的教师职前培训课程。要改革职后培训项目，使其内容紧跟时代潮流及教育改革潮流，能够与时俱进反映学生发展的根本需求。教师职前培训课程体系建议设置"基础课＋专题课＋核心课题＋自选课"的课程模块。另外，课程体系也不应是千篇一律的，而应根据不同的培训对象采取不同的方案，差异化的培训课程和教材，才能更加有效促进全体教师的素养。而且不同对象不同时期培训内容也是灵活变化的，这一切都应根据培训对象的需求决定。对于职后教师的培训，需要学校根据教育管理工作的需要和教师的特点进行，要采取个性化的培训方式，即"按需培训""多元培训""个性化培训"。

（二）创新培训方式

英特尔®未来教育项目的主要授课模式有三种：人—机交流模式、机—机交流模式和人—人交流模式。在互联网背景下，高校教师必须具备基本的信息素养，熟练掌握并运用新技术促进教学革新。在人与人交流模式中，合作、体验的特点得到彰显；在模块化的学习中，创新的思维得到彰显。对高校教师素养的培训不能期望一门信息技术教育基础课程能够"包治百病"，要将信息技术能力培养与课程、具体准备项目相融合。实施教师准备项目，确保教师按照有意义的方式掌握技术使用。模拟如何选择和使用恰当的 App 工具为学习提供支持，并能评价这些工具的安全性和有用性。高校要在培训中贯穿自主、交互、探究、体验式的学习活动，充分利用网络平台开展研讨和交流。让教师体验新的学习方式，让他们日后将所学运用于自己的教学中。

（三）协同多元力量

高校教师素养培训主体有三种：一是教育行政主管部门，二是信息技术提供商，三是高校。按照要求，要建立协同机制，充分利用社会资源，加强对高校教师能力的培养。高校可依托政府培训项目，遴选教师参与培训，建立人才库，不断提高教师的信息技术使用能力、分析能力及教育教学改革创新能力。或者在国内设立培训基地，建设试点高校，充分发挥其对其他高校教师素养发展的辐射和示范作用。同时，也要加强国际合作，可与美国、英国、韩国、日本等"智慧教育"领先国家加强合作，双方互派培训人员，相互学习、相互借鉴，从而推进我国高校教师素养不断提升。当然，高校除了提升教师的素养外，还应提升学生的素养。高校教育教学活动是师生共同参与的活动，具有"双主体"的特点，任何一方的素养不高都会影响高校教育管理的顺利进行。正如学者所说，"智慧教育"是一种"人机协同工作系统"，即人和技术协同作用而构成的教育系统，人是技术的主宰。让教师和学生能够善于应用技术、与技术协同进行教与学，进而提升教与学的品质。

第二章 人工智能背景下的高校教育
管理信息化

人工智能作为智能时代的科学技术代表，正在引发社会各个领域的变革。然而当我们审视代表教育最高水平的大学，粉笔—黑板—教科书—教师主导—学生被动接受的农耕时代课堂模式（当然也可能是 PPT 等新信息技术代替了黑板的作用），依然十分普遍地存在着。教育管理信息化是智慧社会的基础，智慧社会离不开"智慧教育"，同时人工智能等智慧技术也在深刻改变着教育管理信息化。如果说前几轮技术革命冲击的是教育的内容、丰富了教育技术的手段，那么智慧时代人工智能技术将会改变教育管理的理念和结构，冲击大学的班级授课制、课堂教学、学习方式这些高等教育的固有特征。大学在与时俱进，改变自身的同时还必须承担起把握全球人工智能发展态势、找准突破口和主攻方向、培养大批具有创新能力和合作精神的人工智能高端人才的重要使命。

第一节 人工智能概述

在教育部印发的《教育信息化 2.0 行动计划》中，人工智能出现了 11 次之多，可以看出，智能化是教育发展的必由之路，同时也是学校走向"未来时代"的重要方式。教育部在《高等学校人工智能创新行动计划》中把人工智能作为高校发展的重要战略，国家出台的其他相关文件，正在促使人工智能技术快速地融入教育教学中，推动学校步入"人工智能 +"的新时代。

一、人工智能的概念

人工智能是研究、开发用于模拟、延伸和扩展人的智能的理论、方法、技术及应用系统的一门新的技术科学。

一开始，人们对人工智能只有初步的模糊的定义。1950 年，英国计算机科学创始人图灵借用一个"游戏"来判断计算机是否具有智能。他提出，把一个人和一台计算机放在幕后，测试人员分别对"他们"进行提问，通过"他们"各自的回答来判断哪一个是计算机(哪一个是真的人类)，如若测试者判断错误，或者在相当长的时间内测试者辨别不了哪个是人哪个是计算机，则认为该计算机具有智能，这个过程就是著名的图灵测试。到了1956年，约翰·麦卡锡在达特茅斯会议上首次采用"人工智能"这一术语，并将其定义为"人工智能就是要让机器的行为看起来就像是人所表现出来的智能行为一样"，这标志着人工智能学科的诞生。

自人工智能诞生以来，国内外学者关于其定义一直未能统一。1978年，贝尔曼把人工智能定义为：人工智能是那些与人的思维、决策、问题求解和学习等有关的活动的自动化。1981年，人工智能之父费根鲍姆教授在《人工智能手册》中指出："人工智能是计算机科学中的一个分支，涉及计算机系统的设计，该系统显示人类行为中与智能有关的某些特征。"美国斯坦福大学尼尔逊教授这样定义人工智能：人工智能是关于知识的学科——怎样表示知识以及怎样获得知识并使用知识的学科。1992年，温斯顿认为："人工智能是计算机科学的一个领域，它主要解决如何使计算机感觉、推理和行为等问题。"

国内的专家学者对人工智能也有他们各自的理解。如蔡曙山等在《人工智能与人类智能：从认知科学五个层级的理论看人机大战》一文中将人工智能定义为：让机器或人所创造的其他人工方法或系统来模拟人类智能。钟义信院士在《人工智能："热闹"背后的"门道"》一文中指出，人工智能是一门学科，目标是要探索和理解人类智慧的奥秘，并把这种理解尽其可能地在机器上实现，从而创造具有一定智能水平的人工智能机器，帮助人类解决各种各样的问题。李鸣华在《人工智能及其教育应用》一书中，在分析智能一词的基础上，综合人工智能专家以及各位专家学者对人工智能的定义，将人工智能定义为：用人工制造的方法，使计算机模拟人的思想与行为，如判断、推理、证明、感知、思考、识别、设计、学习和问题求解等思维活动，在机器上实现智能的方法。柴玉梅、张坤丽等主编的《人工智能》一书中，在综合学者们从不同角度和不同层次对人工智能的定义之后，将人工智能粗略地概括为用机器模拟和实现人类智能，并对智能一词进行分析。从能力上看，人工智能是用人工的方法在机器上实现的智能；从学科上看，人工智能是一门研究如何构造智能机器或者智能系统，使它能够模拟、延伸和扩展人类智能的学科。

由此看来，人们一开始创造人工智能，是希望通过人工的方法使机器实现与人类相似的智能行为，如识别、学习、判断、推理等。后来，随着人工智能技术的发展，人工智能在计算、学习等方面超越了人类。所以，本书借鉴王万森关于人工智能的观点，将人工智能定义为：采用人工的方法使机器能够模拟、延伸和扩展人类智能。在此意义上，人工智能是可以实现对人类的超越的。人工智能是一个广泛的概念，现阶段的人工智能包括我们常用的手机计算机、美团软件、无人驾驶技术、智能机器人等。

总的来说，人工智能是研究通过计算机来模拟人的智能行为的学科，如研究人的思维过程、如何学习、如何推理、如何决策等，主要包括如何实现计算的智能化、制造类似于人脑智能的计算机、使用计算机完成更深层的运用。由此可见，人工智能所包含的学科很多，包括计算机科学、心理学、语言学、社会学等。

二、人工智能的发展历程

在 1956 年的达特茅斯会议上，人工智能由计算机方面的专家麦卡锡首次提出，人工智能一词的提出，被看作人工智能诞生的标志。就在这次会议后不久，麦卡锡离开达特茅斯进入麻省理工学院。同年，明斯基也来到了麻省理工学院，之后两人共同创建了世界上第一个人工智能实验室——MIT AI Lab 实验室。值得注意的是，达特茅斯会议正式确立了人工智能这一术语，并且开始从学术角度对人工智能展开科学的、严谨的、专业的研究。在那之后，出现了第一批人工智能专家和人工智能技术。达特茅斯会议被广泛认为是人工智能诞生的标志，是人工智能的第一次高峰。

（一）人工智能第一次低谷：20 世纪 70 年代

由于科研人员对人工智能研发的预估不足，许多合作计划失败，使所有人对人工智能的未来感到迷茫，导致很多科研项目被迫中断。当时，人工智能面临的技术瓶颈主要有三个方面：第一，计算机硬件问题致使计算机整体的性能不足，从而致使很多人工智能应用无法展开；第二，实际情况比预想的复杂，当时的人工智能应用仅仅是去解决指定的问题，在设计的时候只考虑指定问题，当遇到实际问题，问题难度上升，导致程序立马宕机；第三，人工智能需要大量的数据，当时数据量很小，这导致机器不能通过大量的数据进行学习进化。因此，人工智能项目停滞不前。

（二）人工智能的崛起：1980 年

卡内基梅隆大学为数字设备公司设计了一套名为 XCon 的"专家系统"。

这是一个智能计算机程序系统，这个系统中含有专家水平的知识和经验，根据这些知识和经验进行推理、判断。该系统每年可以为公司节省 4 000 多美元，专家系统的诞生点燃了人工智能发展的火焰。

（三）人工智能第二次低谷：1987 年

苹果和 IBM 公司生产出来性能优越的台式机，远远超过装有专家系统的计算机，从此专家系统落幕了。

（四）人工智能再次崛起：20 世纪 90 年代中期

随着神经网络技术的进步，人们对人工智能有了客观性的认识，人工智能技术的发展也走进了平稳时期。1997 年 5 月 11 日，由 IBM 公司制作的计算机系统"深蓝"战胜了国际象棋世界冠军卡斯帕罗夫，再一次将人工智能带入大众的视野。这是人工智能发展进程中的一个重要的里程碑。

2006 年，亨顿（Hinton）在神经网络的深度学习领域取得了突破，人类再一次看到了机器实现智能并超越人的可能，这是人工智能技术进步的标志性事件。2016 年，在人类认为机器不可能战胜人类的围棋领域，谷歌的阿尔法围棋战胜了韩国棋手李世石，再度引发人工智能的热潮。谷歌、百度、阿里、腾讯等互联网巨头进入人工智能研发的战场，又掀起了一轮人工智能的狂潮。目前人工智能技术日益成熟，并应用到人们的日常生活中，人们很乐意也很需要它们融入生活中，这次的人工智能浪潮也许会实现人类的智能化，使科幻电影变为现实。

三、人工智能的主要特征

人工智能其实是以计算机硬件为基础，根据人类编写的程序按照一定的逻辑和算法运行的系统。人工智能是人类设计和制造的，它必须为人类服务。

根据人类的设计，人工智能能够对周围环境进行识别，并产生相应的应急行为，它能够和人类进行互动。人工智能系统应该被设计为可以像人一样通过看、听、闻、触、尝五种触觉来感受自然界的信息，然后通过语言、文字、表情、动作等行为对外界进行回答。另外，人工智能系统应具备适应环境的能力，即可以根据环境的变化实时调整相应的参数、数据、任务的能力。

人工智能的特征主要表现为以下六个方面。

其一，人工智能能够储存远远丰富于人类的信息，计算速度远远超过人类，逻辑推理能力强。人工智能借助互联网等技术可以将从古至今、国内国外几乎所有的信息都存储下来。同时，面对如此大的信息量，人工智能技术还能够快速地提取、处理和计算，如"会计机器人"只需短短几秒钟就可以生成账单。人工智能还具备严谨的逻辑推理能力。如1955年，西蒙和纽厄尔设计的逻辑机程序成功证明了罗素和怀特海所著的《数学原理》一书提出的52个定理中的38个，其中不少证明比原书中的更精彩。谷歌的阿尔法围棋以4∶1战胜了世界围棋冠军李世石，证明了在以计算和推理为主要思维与决策方式的围棋领域，人工智能已超过人类智能。

其二，人工智能具备比人类更强大的操作执行能力，"工作能力"强。从市场上现有的人工智能产品来看，人工智能的计算速度远远超过人类，信息储存量远远大于人类，工作耐力也远远胜过人类。人工智能强大的操作执行能力还体现在，它可以"不知疲倦""不畏艰辛"地连续工作数十个小时。除此之外，人工智能应对恶劣环境的能力非常卓越。人工智能可以在极端环境中工作，如高温高寒或者布满有毒气体、放射性物质的环境中，人工智能的工作性能不受周围环境的影响。人工智能可以代替人类进行环境比较恶劣的工作，如开采煤矿等。

其三，人工智能具有远强于人类的"超速"的、自主的学习能力。人工智能"超速"的计算能力是人工智能"超速"的学习能力的基础，同时，深度学习技术使得人工智能具备一定的自主学习能力。阿尔法围棋利用深度学习技术，通过3 000局的自我对弈，自动从已有的实验数据中逐渐总结规律，不断自主学习，最终成为一名"围棋高手"。阿尔法围棋3 000局的自我对弈所花费的时间是人类的几十分之一。深度学习可以把不同的东西放在一起做判断，给了计算机更大的自我学习空间。机器能够从大量的样本中抽象出概念来。例如，我们向计算机中输入不同的名字、性别、年龄等信息，等这些数据积累到一定的量之后，计算机慢慢就识别了眼睛是什么样的、头发是什么样的。人工智能基于这些数据慢慢提升其各方面的能力。深度学习能力能够在海量的数据上理解概念，并由此判断、推测，做出好的决策。

其四，人工智能的决策可能带有偏见。人工智能以人类编写的程序以及输入的大量数据作为基础，做出决策。而无论是程序还是数据都可能来自不同的人，或多或少地有主观偏见的存在。人工智能依靠程序和数据做出的决策也将不可避免地存在偏见。人工智能的这种偏见一旦发生，将会一直持续下去。

其五，人工智能具有一定的不可控性。虽然弱人工智能是按照人类编写的程序运行的，但是它还是具有一定的不可控、不可预测的特点。当人工智能从实验室中的"封闭世界"过渡到外面的"开放世界"时，各种不可预测的事情可能会发生。如要求清扫机器人打扫房间，它可能会打碎一个花瓶，或者可能产生某些作弊行为，如当我们对清扫机器人把房间打扫得一尘不染这一行为做出奖赏时，它会不会"自作聪明"地把垃圾藏起来以获得奖励？

其六，强人工智能或超人工智能可能具备人类情感和人类意志。强人工智能在思想、行为上表现得与一般人类无异，而超人工智能则可能比一般人类表现得更好。当人工智能在计算、感知和认知等领域都获得较大的进步时，它们可能真的会具备丰富的人类情感和独立的人类意志，它们将能听懂、看懂关于世界的一切，可以像人类一样在地球上与其他人类或者其他人工智能交往、生活。

四、现有的人工智能技术

人工智能是一门研究通过机器模拟人的思维方式、学习方式等，并对人的智能进行延伸和扩展的科学技术，如语音识别、深度学习、情感分析、学习分析、智能行为，让机器可以像人一样去思考和行动，最终代替人去完成只有人才能完成的工作。在1993年，计算机科学家弗农·维格就提出了奇点概念，他提出使用人工智能系统的计算机或机器人可以自我进化，可以生产出比自己更加先进的人工智能系统。面对人工智能，我们不能高估它对我们的影响，也不能低估它对生活、工作带来的便利。

人工智能目前主要的研究技术有：专家系统、自然语言理解、机器学习、分布式人工智能、机器学习、模式识别等。近年来，计算机硬件技术飞速发展，使得计算机的性能大幅提升，互联网的普及为大数据技术和深度学习技术提供了大量的数据基础，并使两项技术得到进一步发展，人工智能已经实现了快速发展，并广泛地应用于家庭生活、医疗卫生、交通运输等多个领域，各个行业都在积极地探索如何利用人工智能技术去解决行业问题，教育也不例外。张坤颖认为，人工智能是一种增加能力、使用能力和赋予能力的技术，此技术可分为主体性和辅助性两类在教学中运用。主体性指的是使用人工智能技术构建的教学系统，如智能教学助手、智能教学平台、智能机器人等；辅助性指的是将人工智能的功能模块或部分技术集成到教学资源、教学工具、教学管理、教学评价中，转化为媒体或工具以发挥其功效，如智能化教学平台、自适应学习平台、智能化教学管理、智能化测评等。

只有综合了人工智能、虚拟现实、增强现实、行为分析、学习分析、智能机器人等技术才能对教学产生深远的影响，仅仅使用一种技术对教学的影响是十分有限的。因此将机器学习、自然语言理解、模式识别、大数据等技术运用到教学中，是人工智能为教学带来的机遇，也是挑战。

①机器学习。机器学习主要研究的是如何让机器自动获取知识，机器可以分析获取的信息，从信息中获取知识并总结成经验，对已发生的错误进行修正，然后总结规律，并自动升级性能，使其拥有更强的适应环境的能力。随着计算机性能的大幅提高，根据数学原理构建的统计模型，使数据的训练变得简单，融入了统计学、语言学、信息学等方面的知识的机器学习方式，在机器翻译领域成为主流。

②自然语言理解。自然语言理解是研究如何让计算机可以理解并能够生成人类的语言，达成人机交互的目的。自然语言理解的过程分为三步：第一步，将问题和语言转化为数学形式表示出来；第二步，将数学形式转化为算法；第三步，根据算法编写程序，最后在计算机上显示出来。

③模式识别。模式识别是让计算机将已有的东西进行识别，并将其放到相同的或者类似的模式中。通过研究怎么让计算机识别物体、视频、音频等信息，让计算机可以像人一样去听声音、看物体、感受自然。要将模式识别运用到教学中，首先要收集学生的语音、情感、行为等数据，再对这些数据进行深层次的分析，得出一个数据模型，根据这个数据模型，机器就会为学生提供个性化的学习服务。可以将模式识别运用到教学中，增强教学效果，如在实践操作课程中，机器可以扫描学生的操作再与标准操作进行对比，对学生的操作进行矫正、指导。

④大数据。大量的优质的数据为人工智能的实现提供了最根本的支持。传统的数据量小、多样性不足、流转速度不高，大数据具有数据量大、高速流转、多样性、真实性的特点。大数据技术的深度发展，为机器学习和智能化带来了机遇，也为未来的智能化教育带来了机遇，数据是智能化机器的食粮。机器的学习方式和人是不同的，如人的学习方式是，妈妈带孩子去看小动物，看到一只小松鼠，妈妈会对孩子说这是松鼠，等孩子下次看到松鼠时就会立刻喊出松鼠；机器的学习方式是，要想教会机器认识松鼠，就需要先给机器提供大量松鼠的照片，机器通过数据的挖掘和分析，最后可以认识松鼠。

五、人工智能的分类

人工智能按其发展方向的不同，可以分为运算智能、感知智能和认知智能三个方面。运算智能，指人工智能的计算和存储能力。人工智能能够存储大量数据，处理、计算数据的能力比人类强千万倍。感知智能，是使机器能够像人一样感知外部世界，拥有和人类五官类似的技能——能够"听到"和"看到"，如语音识别技术、图像识别技术等。近几年，人工智能在感知智能方面有很大的进步，如在语音识别上，人工智能不仅可以在安静的环境下很好地识别，在嘈杂的环境下也有非常强的识别能力，在图像识别和手写识别等方面也已经接近人类视觉水平。认知智能要达到的目标：不仅使机器"听得见"还要让机器"听得懂"，机器要具备理解与思考等能力。现阶段，人工智能在认知领域和人类还有较大差距。如医疗机器人能够对医学上说的"三级疼痛"做出反应，但是当病人形容"疼得死去活来"时，系统就判断不出。阿尔法围棋虽然战胜了李世石，但是它无法理解人类的情感和理念，无法感受胜利的喜悦。目前，人类还在不断探索人工智能在认知智能方面的发展，如日本、美国和中国都在研究可以考上大学，"看得懂""听得懂"的机器人。

根据人工智能的发展层次不同，可以把人工智能分为弱人工智能、强人工智能和超人工智能。弱人工智能的智能水平远不足人类，它只在某一个领域表现出极为优秀的能力，且无自主意识。它只能依照输入的程序和算法进行计算、推理、判断和学习，表现出"智能的行动"。例如，打败了世界象棋冠军的"沃森"，它拥有高超的象棋技术，但是在其他领域则显得很无知，以及战胜了围棋冠军李世石的阿尔法围棋等，这些都属于弱人工智能。强人工智能指的是在各个方面都达到了一般人类水平的人工智能，且具备自主意识和独立人格。弱人工智能更多地体现了人工智能的工具性价值，而强人工智能则超越工具性智能发展出自由意志，它们可能拥有同人类平等的权利地位、社会尊严等。强人工智能拥有快速的计算能力、准确的感知能力和一定的认知能力，能够理解规则并做出恰当的反应，凡人类能够做的事情强人工智能几乎都可以完成，强人工智能相当于一般人类。在这个意义上，强人工智能除了具备快速的计算能力、自主学习能力、逻辑推理能力以外，还可能具备真正的创造能力，即可以想象和创造出一种它从来没见过的事物的能力。一部分学者提出了超人工智能的观点。牛津哲学家、知名人工智能思想家博斯特伦在其著作中提出，人工智能技术很可能在不久的将来孕育出在认知方面全面超越人类的超人工智能。并将超人工智能定义为在几乎所有的领域都比人类最聪明的大脑聪明得多，包括科学、创新、通识和社交技能。现阶段的弱人工智能已经具备远远超过人类的深度学习能力，处理和更新信息的能力比人类强很多，建立在大数据基础之上的感知能力也十分精准，所以，一旦人工智能在认知领域获得关键性的发展，那么人工智能也将在理解、判断、创造等方面超越人类，成为在各领域都超越人类的超人工智能。

六、对人工智能的未来展望

人工智能自正式形成以来，短短六十多年的时间，就在多个领域取得了显著成效。现综合人工智能和相关技术的特点以及社会环境，对人工智能的未来加以预测，强人工智能的到来可能在不远的将来，超人工智能也可能会有实现的一天。

为什么说强人工智能甚至超人工智能是可能实现的，原因有以下几点。其一，人工智能发展的速度很快，远远快于人类的自然进化速度。如果从人工智能正式被命名的那一天算起，人工智能仅仅经过了六十几年的发展，而人类则经过了上千年的进化和发展。但是，现有的弱人工智能在很多方面远远超过了人类。一是在计算和存储领域，人工智能远远超过了人类。二是人工智能在感知领域不断接近人类，并在某些方面超过人类。如人工智能在语音识别上错误率不断降低，接近了一般人类水平，而在人脸识别上，机器视觉强于人眼。虽然人工智能在认知领域的发展水平还不高，但照此发展速度，一旦人工智能突破其发展瓶颈，则可能会达到强人工智能甚至超人工智能的水平。其二，21世纪，国家政府和企业为人工智能保驾护航，人工智能将获得比以往更多的资金和人才支持，可能会获得更加迅速的发展。其三，人工智能所依托的大数据呈指数型发展，为人工智能的发展提供了有效支撑。比尔·盖茨也曾在不同场合表示，假如有一天人工智能技术瓶颈全都突破了，人工智能则可能发展成为超越人类的超人工智能。虽然现阶段的人工智能还处于弱人工智能阶段，但我们必须警惕：比现有的人工智能更加强大的人工智能可能正在来的路上。

强人工智能或者超人工智能时代会是什么样子呢？届时，将会有一群和人类拥有同等能力，甚至比人类更加优秀的人工智能同人类一起生活在地球上。一般情况下，我们可能难以从外表区分谁是人工智能谁是人类，因为看起来都一样。在学校、工厂、医院，到处都是人与人工智能。人工智能完全参与我们的生产与生活。同时，为了人工智能和人类共同的发展与延续，可能会有"人机共同体"的诞生。这样人类将拥有超速的计算能力、精确的感知能力和强大的认知能力，而人工智能可能拥有人类生命的可延续性。超人工智能时代将是一个人与人工智能共生的时代。

第二节 人工智能背景下高校教育管理信息化的发展

所谓教育管理信息化，就是在现代教育管理思想的指导下，在教育管理中普遍运用人工智能及现代信息技术，如计算机、网络通信及多媒体等，对各级各类教育事务进行管理，从而达到提高教学质量、提升教育治理水平的目的，促进教育管理现代化的过程。高校教育管理信息化是管理信息化思想在高等教育领域的衍生，不仅是各类信息技术与教育的融合应用，更是现代化的、科学化的管理思想在教育领域的深度渗透。

高校教育管理信息化是指高校教育管理过程中的组织形式以及管理方式通过信息技术手段得以实现改变，达到提高信息的传递速度以及反馈速度的目的。教育管理是高校管理工作过程中最为关键的一环，有效地开展这项管理工作，便于高校更好地为学生提供教学服务，对高校教育工作的开展也具有直接的影响，因此一定要提高高校教育的管理水平，有必要加强相应的配套措施，及时解决教育管理活动中遇到的各种问题，促进教育管理活动中管理机构职能以及业务流程的优化，使得决策更加科学化，以此完善高校教育管理工作。

高校教育管理信息化是充分利用信息技术，开发利用教育管理信息资源，促进信息交流与共享，提高教育管理水平，推动教育改革与发展的历史进程。新时代赋予了教育管理信息化新的使命，也必然带动教育信息化从 1.0 时代进入 2.0 时代，尤其以移动互联网、大数据、云计算、人工智能为代表的新技术正与高校教育教学、科研、管理和社会服务等领域产生深度融合，高校运行方式和管理模式正在发生深刻变革，我国高校也正朝着治理体系和治理能力现代化方向阔步迈进。然而，高校推进治理体系和治理能力现代化，不仅需要制定和出台新的制度规范，更要以全新的方式应对风险和挑战，这就需要借助精准化、科学化、智能化手段加快形成现代化的教育管理与监测体系，实现学校运作优化、精细治理、即时响应，助力学校综合管理与服务水平的提升。可见，推进教育管理信息化已成为高校实现治理体系和治理能力现代化的重要手段。

一、高校教育管理信息化发展的现状

随着互联网发展进入 Web 2.0 时代，教育管理信息化发展也被赋予了更多 2.0 信息化时代的特征。"大数据＋教育""人工智能＋教育"已成为当前高校教育事业发展的主要名词。而随着大数据和人工智能技术的纵深发展，高校开始基于在人工智能时代背景下关注高校教育管理信息化的发展。作为高校教育人员和管理人员，其必须认清发展形势，明确机构定位，秉持服务为先、学生为本的基本原则，积极接纳现代化信息技术，不断拓展教学领域，重视教学资源的整合应用，从而实现人工智能技术与教学活动的融合。

目前高校教育管理信息化的硬件基础——计算机和网络已经基本普及，管理信息系统的开发技术也已经比较成熟，但高校教育管理信息化的进展并不尽如人意。其中存在着诸如管理信息化存在着认识和定位上的偏差等问题，只有面对这些现实问题，才能更好地推动我国高校教育管理信息化水平的提升。

高校教育管理信息化是高校在改革发展中突破传统教育管理模式束缚的重要支撑，是当前高校教育管理的发展趋势。近年来，我国高校教育管理信息化多以系统平台建设为抓手，按照"平台+应用"的模式，在认识水平、应用深度方面均有明显提高，基本形成了教育管理信息化多层次建设和应用的格局。

（一）教育管理信息化基础设施、信息资源体系工程建设基本建成

管理信息化的核心是数据，载体是业务系统，数据更新和系统运转都离不开基础设施的支撑保障。高校推动以"数据中心"为核心的信息化基础平台建设，以云计算技术为基础，逐步实现从 IaaS 到 PaaS 的过渡，建成面向私有云与混合云的软件定义数据中心，建立数据灾备中心，建设统一身份认证平台，搭建网络安全防护体系，形成了规模化的计算、存储、通信和安全技术服务能力，保障了学校各类管理信息系统的运行和公共服务。

某些高校坚持以"数据为基础、流程为关键、服务为核心"的原则，深入推进"五个一"工程（流程一张表、决策一键通、服务一个厅、认证一个口、数据一个库）建设，深化信息技术在学校管理和业务服务中的应用创新，消除"数据孤岛"、打通业务系统、规范办事流程、提高响应速率、提供便捷服务、提升业务质量，实现流程再造，同时实现管理服务分离、业务模式变革和治理体系优化。

（二）对高校教育管理信息化存在着认识与定位上的偏差

在高校教育管理信息化的发展过程中，相关校内信息化部门主管领导的态度，尤其是对信息化的重视程度直接影响其发展的效果。在当前很多高校中并未认识到信息化建设在高校教育管理中的紧迫性与必要性，信息化发展与建设并未提升到应有的工作日程，没有作为重要的基础性工作进行。所以在此理念下，往往容易出现诸如相应的配套政策、制度与措施的缺失，建设规划不足导

致的信息化建设流于形式。即使在一些高校中信息技术通过改革已经深入学校的各项管理工作之中，但往往也受到一些教师的忽视。此类忽视常常表现为对教育技术理论、当代教育思想、信息素养的综合应用、信息技术环境下的教学设计以及实现利用信息技术解决问题的重视程度的不足。

在高校教育管理信息化的进程中许多高校还缺乏全面的认识与理解。高校教育管理信息化作为一个新概念包含着诸多要素，但在现实中往往容易出现将其认为是一种"目的"而非一种"手段"的错误倾向，造成理解的片面化。甚至一些高校仅仅将其理解为高校内部的校园网络建设，并将校园网络的存在与否作为评价此方面水平的重要甚至唯一因素，而对于具体网络的使用、网络的运行往往并未得到应有的重视。在高校教育管理信息化建设并未实现理想阶段的情境下，其应有的功能难以得到切实发挥，在此过程中一些传统的管理手段、机构、方式等仍然主导着管理的过程，而信息化也在很多高校中成为可有可无的环节。所以基于这种背景，高校教育管理信息化往往成为领导人员观念中的"消费大、作用小"的"花瓶"，在部分管理人员眼中，由于信息化变革中需要耗费学习的时间与精力，所以信息化也往往成为其一种"额外"的工作负担。

（三）高校教育管理信息化建设中的"重物轻人"问题突出

在高校教育管理信息化的建设过程中，各高校经常陷入一种误区，即往往相对比较重视对设备等硬件方面的投入，而忽略在建设过程中对人的投入，使得在此过程中缺乏专业的技术队伍。这种专业队伍的缺乏包括相关的信息管理维护人员的技能、数量以及质量难以满足校园教育管理信息化建设的需要。高校教育管理信息化建设应该是一个基于人的现代化事业，是一个系统性的全校性的事业，而不仅仅是单一的软件系统以及设备购置，抑或是某一部门或某一部分群体的事情。所以在高校教育管理信息化的建设过程中需要学校各级领导对此项工作的重视，通过对信息技术领域人才的引进以及对现有工作人员信息技能的培训与提升，建设信息维护与开发队伍，实现计算机信息系统硬软件升级等多方面的管理，有效地保障信息化建设投入后的产出与效益。现今高校在教育管理体系建设过程中管理人员的素质问题成了制约其发展和质量提升的核心问题。与国外相比，我国许多高校管理人员的信息素质不足，在信息化能力与素养方面不能与时代发展同步，导致在具体实行中难以满足高校信息化管理的现实需要。除了技能素质缺乏外，部分管理人员消极的工作态度，尤其是对新管理方式学习与联系的积极性不高等问题很大程度上造成了高校教育管理信息化体系建设力度不够。

（四）缺乏完整、统一的教育管理信息标准

高校教育管理信息化建设的过程中要切实实现办公信息化与自动化的基本目标，围绕着此目标高校应该努力建设与之配套的诸如高校信息管理网等。国家在此方面建设一直都较为重视，1991年国家教育委员会就对教育管理信息的标准化进行了讨论与研究，后期又颁布了普通高校的一系列的管理基本信息集，如高等学生、高校教职工、高校仪器设备管理等基本信息集，这对此时期和后来我国高校教育管理信息化工作起到了极大的推动作用。然而，相对于各级各类学校和各级教育管理部门而言，原有的标准与后来的教育管理信息化建设之间的契合度逐渐减小，现实需要往往不能够被满足，使得诸多因素影响的规模并未完全建立，一定程度上影响了我国高校教育管理信息化的整体水平。当前国内很多高校也在进行着该项工作，教育信息化管理系统也相继在很多高校建立，但是由于办学方式、规模等原因的限制，在具体的信息化办公建设中没有实现统一教育管理信息标准的目标，从而造成了信息不完整、不规范、不兼容等问题，使得高校间的资料与数据共享和参考陷入困境。除此之外，信息资源的重复建设问题也较为明显，由于数据中统一标准的缺乏，尤其是对共性数据而言其标准的不同往往造成信息交流出现屏障，信息的作用与价值难以发挥和体现，严重的情况下常常出现信息垃圾的问题，严重阻碍了高校信息管理网的建设与完善。

（五）高校中教育管理系统与信息化制度相对滞后

在我国高校的教育管理信息化建设中管理系统自身仍然存在着诸多问题，也是当前建设中亟须解决的问题。当前，我国许多高校都采用了信息化系统以期实现对教育管理的信息化推动。然而现实中往往在教育管理系统设置方面还不同程度地存在着相关问题与不足。这些问题往往较为集中于教育管理中而非具体教学实际，所以容易导致在开展教育管理过程中管理系统的运行常常陷入信息化建设的困境。另外，基于教育管理工作自身的体系庞杂，工作范围广，且涉及部门多等原因，高校教育管理信息化建设中缺乏统筹规划，难以实现高校各教育管理部门之间的互动与合作。

在高校教育管理制度建设过程中也表现出相对滞后的问题，此种问题也成为制约高校教育管理信息化建设的短板与薄弱环节。在具体的工作中，由于教育系统相对于其他系统而言工作相对繁杂，涉及范围较广，教育管理信息化制度在现有的教育管理制度中并未得到反映与体现，所以二者之间的匹配度不高，使得前者的发展较为迟缓。影响高校中教育管理信息化制度发展迟缓的因素主

要来源于两个方面：一是各部门间制度约束的缺乏使得教育管理的规范化与标准化难以得到保障；二是现代教育管理信息化建设也要求与之相配套的制度建设，所以这种制度建设的滞后严重制约着教育管理系统的规范、高效运行。

二、高校教育管理信息化发展面临的机遇与挑战

面对新技术的应用与冲击，面对国家治理体系和治理能力现代化的新要求，面对高校高端信息技术人才匮乏等挑战，高校教育管理信息化正面临着新的机遇与新的挑战。

（一）新兴信息技术应用为高校教育管理信息化带来新机遇

信息技术发展迅速，云计算、物联网、移动计算等技术的不断革新，有力地推动着高校教育管理信息化的发展。高校业务操作从原来的手工报表填报，发展到现在的自动化数据采集；从以前的延时数据统计，发展到当前的实时数据监测。高校教育管理信息化不仅仅是加速信息沟通与交流，对工作起到提质增效的作用，还加快了资源的优化配置和管理结构的优化调整，增强了高校办学活力，更推动着传统教育管理模式的深刻变革。以大数据、人工智能为代表的新一代信息技术的快速发展，将深入影响和推动着高校教育管理信息化的发展。新技术的应用和赋能，进一步促进了高校决策的科学化和资源配置的精准化，为攻克当前高校教育管理信息化面临的"难点"和"痛点"问题提供了方向与路径。

（二）高校治理现代化对教育管理信息化提出新要求

信息化社会，信息"多点、多维、实时、共生"的特点愈加突出，再加上移动互联技术，人与信息的关系、人与人的关系、人与组织的关系均被重塑。高校管理面临的问题不再依靠职能化、层级化解决，更多地需要协同化解决，高校管理创新的步伐必然大大加快，重组、再造组织结构和运行机制将成为高校教育管理方式改革创新的主要方向，建设"管理精准化、业务流程化、决策科学化、服务一体化"的现代化"智慧校园"将会成为实现高校治理体系和治理能力现代化的重要标志。《教育信息化2.0行动计划》将教育管理信息化作为"教育治理能力优化行动"的主要内容，体现了新时代教育管理信息化对提升教育管理水平、提高综合治理能力、促进教育现代化的重要作用。因此，利用信息化手段感知校情发展态势、畅通师生沟通渠道、辅助学校科学决策，已成为高校治理现代化对教育管理信息化建设的新要求。

（三）高校管理信息系统和服务平台的建设与运行需要

新模式教育信息化 2.0 时代重点关注质变，注重创新引领、生态变革。教育管理信息化的深度应用最终将重塑高校教育管理结构，实现管理模式的破旧立新。当前，庞大复杂的管理信息系统和服务平台建设与运维已给高校信息化建设运行模式提出严峻挑战，尤其面对当下网络攻击、网站篡改、信息窃取日趋疯狂等复杂网络信息环境，很多高校信息化建设已陷入了进退维谷的境地，高校须重新审视管理信息系统和服务平台的建设与运行模式是否能够与时俱进。基于此，我们需要充分利用云计算、大数据、人工智能等新技术，构建信息资源共享体系，打通信息壁垒，实施"互联网＋校务"，夯实网络安全防护体系，构建全方位、全过程、全天候的教育管理信息化支撑体系，全面提升教育管理信息化支撑业务办理、校务服务、教学管理等工作的能力，构建"决策更加科学、协同更加精细、响应更加即时、流程更加优化、运行更加通畅、应用更加安全"的高校管理信息系统和服务平台建设与运行新模式。

（四）信息技术人才的激烈争夺为高校信息化队伍建设带来新挑战

随着互联网技术的飞速发展，社会上对高科技、互联网等信息技术高端人才需求旺盛，抢夺激烈，推高了信息技术人才的待遇，导致学校难以吸引到高水平的信息技术人才，存在"引不进、留不住"的困境，信息化发展的可持续性和高水平建设面临巨大困难。在信息化已是各大高校重大发展战略的今天，在发展空间和薪资水平都处于劣势的高校信息化部门，信息技术人才缺乏已成为制约学校教育信息化发展的瓶颈。

三、高校教育管理信息化发展的基本原则

高校教育管理信息化发展的一个重要原则是构建以学习者为中心的教育信息化环境。在这样的教学环境中，学生成为自主学习的主体，教师成为学生学习的导师和咨询师，不管是学生还是教师都需要转换角色定位，同时还要在认知和技能上进行提升。学校要为教师构建能够实现人的智能和技术优势相结合的人技协同教育系统。可以肯定的是未来的高校教育管理信息化系统中教师和计算机各得其所、优势互补，共同为学习者提供优质的学习资源和服务。高校教育管理信息化发展的最终效果要用高校培养人才目标实现程度来衡量，要用学生的感受、学习满意度和学习质量提升程度来衡量。

（一）人本原则

无论怎样，高校教育管理信息化发展都不能偏离高等教育的目标，必须始终以学生为本，以教师发展为核心。信息技术与教育教学深度融合要始终遵循教育的本质，始终坚持以培养全面发展、个性化的人为终极目标，始终坚持以学生为本，以学习为中心任务。

高校教育管理信息化为实现学生全面发展和个性发展的教育教学目标提供了条件，教学不仅可以传统地当面讲授，也可以提供线上自主学习的各类资源，师生还可以及时便捷地开展线上线下的互动交流，实现因材施教、以生为本的教育目标。这样的教育生态有别于传统的教育教学环境，对教师提出了新的要求，不仅要求教师是本专业领域的行家里手，还要求他们有能力利用教育信息化资源表达教学内容和管理教学过程，同时，对学生的教育和交流手段也要不断提高。对于大学生而言，在教育信息化生态环境下自主学习可能会成为主流模式，每个人在满足专业培养目标要求的前提下可以根据自己的意愿和能力选择适合自己的学习方案，实现个性发展的目标。

要真正实现教育信息化，教师是核心。高校要鼓励教师面对新科技快速发展的挑战树立科学理性的态度、培养对新科技敏锐的目光和跟踪先进信息技术与教育教学融合的能力，提高教师信息化素养和综合素质，鼓励教师学习和创新教学方式，提高教学资源整合能力和教学质量。

（二）系统性原则

新型信息技术，特别是互联网技术自 20 世纪 90 年代以来的广泛技术转移推动了信息传播媒介的创新，媒介的"容器"和信息传播机制都已经发生了重大甚至颠覆性的变化。所谓媒介的"容器"是指携带信息所使用的介质，信息传播机制包括与信息传播相关的技术、组织和文化条件等。传统媒介的"容器"主要有甲骨、竹简、帛书、纸书、相片、录音磁带、电影胶片、录像带、影音光盘等，信息传播技术主要有通信类（驿马、电报、电话、传真等）和广播类（布告、报纸、杂志、无线电、电视等）。信息时代的媒介条件和环境与传统社会有着天壤之别，新的媒介环境塑造和影响了人类社会关系与教育模式，工业化时代的标准化模式与同质性人才培养模式已无法满足信息化时代的需要。因此，高校教育管理信息化建设要注重教育信息系统的系统性，要具有统筹规划和资源协调配置的战略思路，并有计划有步骤地推进教育信息化建设。

高校教育管理信息化并不是简单的技术问题，它更应该体现为人、机和环境的系统性工程。高校在推进教育管理信息化建设过程中要兼顾点与面、要协同推进信息化建设与教育改革发展，实现教学与管理、技能与素养、小资源与大资源等协调发展。要兼顾学生、教师、技术和各类硬件设施之间的匹配与协调，在高校教育管理信息化建设过程中人的问题可能是需要特别关注的，因为不管是学生还是教师在接受新事物的态度和能力方面会表现为极大的差异性，学校在建设教育信息化系统时要引领"人"与设施、环境的协调关系，以充分发挥教育信息化系统的作用。

（三）渐进性原则

传统的教学模式往往将知识的讲授和知识的内化在时空上分隔开来，知识的讲授是将统一的内容进行标准化讲解，很难根据讲授对象的认知和能力水平进行个性化讲授，学习者对知识的吸收消化也很难得到及时的帮助。可汗学院（Khan Academy）创始人萨尔曼·可汗是借助新型信息技术帮助大众获取知识的先锋。可汗学院的创建似乎颠覆了传统学习和教学模式，但能真正利用好它的前提条件是学习者有明确的目标和强劲的驱动力，这显然对于成长中的学生和普通学习者是不太可能的，需要有人引导和激励，并有源源不断适应学习者的新资源。虽然信息技术在教育领域得到了广泛的应用，但是在高校教学中传统课堂教学仍然占据主流地位，这可能有两方面原因：一是新的信息技术向教育领域的渗透相对迟缓；二是教育中的人的惰性所致。概括而言，本质上是人的问题，人们接受新事物都有过程，而且接受的程度和速度差异很大，因此，高校教育管理信息化要注重解决人的问题并在逐步推进中使人与技术与环境相协调发展。

（四）持续创新原则

随着云计算、移动互联网、大数据挖掘和人工智能等先进科学技术在教育教学领域广泛深入的应用，信息技术与教育教学正不断深度融合，为开发和创新教育教学资源、促进高等教育教学资源共享、突破时空限制创造了很好的条件。

高校教育信息化要坚持融合创新，发挥技术优势，变革传统模式，推进新技术与教育教学的深度融合，真正实现从融合应用阶段迈入创新发展阶段，不仅要实现常态化应用，更要达成全方位创新。

四、高校教育管理信息化发展水平提高的对策

高校教育管理信息化建设的目的是及时了解和调控教育教学情况，保证管理部门之间信息的交互传递和政令的畅通，提高信息的使用价值。规范化、程序化是教育管理的基础，高校教育管理的最终目的并不是为了管理而管理，而是利用信息技术提供实时性、共享性和公正性信息，提高教育教学质量。因此要创新教育管理信息化理念，变"管理本位"为"教学本位"、变"结果处理"为"过程监督"、变"信息管理"为"知识管理"，将各种教学资源转化为显性或隐性的相互之间网状联系的知识集合，并对这些知识提供开放式管理，实现知识的生产、传递、利用和共享，适时反映教学进程，为教学过程的适时调控、教学决策和教学咨询提供依据。

（一）建设并完善校园一卡通系统，有效整合信息资源

随着信息化校园建设进程的加快，校园一卡通（以下简称"一卡通"）是今后校园信息化建设发展的必然趋势，是校园现代化教育管理的标志。校园一卡通系统的建设，能使原有业务和管理体系相对独立、互不协调的现象得到有效整合，减少资源浪费和重复建设，达到业务流程重组、消除各部门之间存在的"信息孤岛"，从而使分散在不同二级学院、不同部门的校内信息资源在全校范围内实现纵横方向上的流动与共享，使网络成为不同部门、不同层次人员使用的信息共享平台。一卡通主要建立一个面向全校师生、面向全校主要信息化管理系统的统一身份认证系统。统一身份认证系统承载了校园所有应用系统的用户基准信息，学生和教师信息以统一身份数据库为基准，数据库的信息变动能够及时反映到一卡通的数据库中，实现与各类管理信息系统（如管理、科研、行政、后勤等）、办公自动化系统的信息互通和统一管理，节省了许多人力资源和空间资源，达到多系统之间资源的共享功能，避免了不同部门相同信息不协调同步的现象，形成全校范围的数字化管理空间和共享环境，动态实时地反映职能部门的运作情况和统计分析数据，增强领导科学决策的依据，提高学校管理水平。

实行高校驾驭管理信息化的工作，相关的领导人员以及工作人员要更新自己的思维方式，正确地认识信息化工作的内涵，这也是高校实行改革的关键前提。高校领导要对当今的信息技术趋势有所把握，对学校的改革发展有很充足的认识和分析，带领全体的工作人员改变以往落后的信息化思维方式，提高基础设施和教学改革步伐。

（二）建立集中统一的新的教育信息管理体制

新的教育信息管理体制就是指建立以信息为本、资源共享、网络共建的新的教育信息化体系。目前高校内各种管理信息系统实行的是科层制的管理制度，网络中心只是一个提供技术应用的部门，这样容易形成组织结构分工过细，管理幅度过小、层次重叠，工作效率低下的局面。为此，必须改变现有的以业务部门为中心的管理模式，实行集中管理、分级使用、相互协作、横向约束，由网络中心结合学校的实际情况，在一卡通系统运行的前提下，统一负责构建校园公共教育平台，建设与信息时代相匹配的先进网络系统和教育管理信息化系统，扩充完善校园网上的信息应用系统，形成全校范围的、开放的、分布式的、多媒体的教育信息服务系统，实现全校教育信息资源的有序流通和共享，为全校教职员工提供现代办公和网络教学支撑环境，同时，支持学校教学、科研及管理活动和辅助决策，提高管理效益与办学水平，使学校真正形成网上办公、网上管理、网上教学和网上服务的校园公共平台。

（三）加快教育管理信息化人才队伍建设，提高全校员工信息素质

教育管理信息化人才建设包括信息化教师队伍、信息化管理队伍、信息化技术维护队伍建设三方面。信息化教师队伍要求教师掌握现代化教育技术，提高信息化环境下的执教从教能力；信息化管理队伍要求具备与职能相关的信息管理技术，提高决策的科学性和民主性；信息化技术队伍要求掌握先进的信息化技术，为学校教学、科研和管理提供优质的技术支持和技术服务。要使学校教育管理信息化真正走向成功，必须走专业化与普及化相结合的道路，加快教育管理信息化人才队伍建设，提高全校员工的信息技术应用水平和信息素质。通过有组织、有计划、有目的的在职学习和短期培训，根据需要有针对性地精选培训内容，分阶段、分层次举办计算机、网络、多媒体知识和多媒体教材制作等与信息素质相关的业务培训，提升全校员工的信息技术应用水平；同时，注重提高教育管理人员的信息素质，使其形成教育管理信息化意识，根据教育管理人员的岗位特点，结合学校教育管理信息化建设实际情况，合理选择培训内容，针对性地加强教育管理信息化管理能力的训练，尤其是加强教育信息评价、信息处理和信息应用能力的训练。对进入各级教育管理岗位的人员进行上岗培训和基本信息素养的考核，以此提高教育管理人员的信息素质，充分发挥信息在高校教育管理活动中的作用。

（四）建立教育管理信息化的评价体系

建立学校教育管理信息化的评价指标体系，学校组织制定、发布和实施教育管理信息化的评价指标和规范，使学校各系统管理部门在信息化建设中遵循相应的规范而协同发展，指导和促进学校的整体化信息建设。教育管理信息化的评价指标实质就是对信息化工作的监督和要求，教育管理信息化的规范是提高学校教育管理水平和保证教育服务质量水平的前提。学校可以实行 ISO9000 族标准，ISO 认证是国际认可的质量保证体系，体现对全过程的控制，具有普遍的适用性。

教育管理信息化的实施是高校一项长期的系统工程，是先进的教育管理理念与管理方法的构建过程，需要通过信息化带动管理的创新。管理信息化必须从全校一盘棋统一考虑，深入研究学校教育管理的深层次需要，只有这样才能真正实现资源共享，信息一致，提高学校教育管理信息化的能力。

（五）制定科学有效的信息化发展整体规划

为加强信息标准的统一以及资源的共享问题，高校信息化的建设也应该像国家教育信息化建设一样，以国家规划为标准，围绕学校的具体情况，加强顶层设计，研究适合学校信息化发展的中长期规划，明确发展目标。在制定规划时要坚持高校领导人员的带头作用，并且安排专门的机构负责教育管理信息化发展的谋划、构建以及实施工作。

五、高校教育管理信息化发展的途径

我国教育事业的发展始终受到国家的高度重视，在各种推动高校教育管理信息化发展的方针政策的引领下，高校教育工作的基本方向得以明确，结合新时代的发展特征，当前高校教育管理信息化事业的发展，更要与人工智能加强联系，并将其作为主要要求与关键契机，全面深化教育综合领域改革。

（一）完善建立教学资源平台

高校应基于提升教学质量的角度完善建立教学资源平台，具体应从以下几个方面进行把控。一是要形成科学和系统的教学资源分类体系。在人工智能的发展背景下，高校应注重对网上资源进行整合与应用，要能够生成与网上信息搜索之间的便捷指引通道。在构建具体的教学资源分类体系时，应对原有的教学资源体系进行有机调整，体现出教学资源的层次性。二是要对信息化教学资源进行有效整合与设计。针对信息化教学的要求，教师应注重在资源建设期间对信息化教学资源进行一体化设计。在一体化设计思路下，教师应立足于学生的学习需求，并在了解课程特点的基础上，合理应用多媒体技术，选择适应性的教学方式。在对信息化教学资源进行细节设计时，则要了解教学目标与学生的学习特点，设计成针对性的信息化教学资源模块，便于进一步的教学设计。三是针对教学资源，应搭建专项云平台。在该平台中可以收纳丰富的信息化教学资源，教师可以对所需的教学资源进行利用，学生也可以在该教学资源云平台中获得所需的信息。在搭建教学资源云平台中，技术人员应注重开发该平台的多种功能，并结合内部专题网站和网络课程网站，提高信息化资源的利用水平。

（二）全面应用信息化教育技术

要转变身份加深对信息化教育技术的了解。高校应针对人工智能的发展要求，搭建高校信息化教育技术中心，要转变自身的角色定位，积极引进智能教育技术与教育产品。高校的领导以及教研人员应积极参加各类学术性会议以及行业性展会等，从而了解教育事业的全新发展趋势。在采购和应用具体的信息化教学技术和产品时，高校教育技术中心应了解当前的教学环境与教学配备情况，从实际需求和产出效益的角度，对信息化教育技术和产品开展针对性及计划性的引进。教师和学生作为信息化技术的接触者，应及时对相关的教育产品进行应用成效反馈，确保教育技术中心负责人能够对反馈的问题进行改进，使其更加适应本校的实际应用需求，并实现升级发展。

要加强针对教师和学生的技术培训与引导服务。在人工智能发展背景下，教育教学需要与信息技术充分融合，教师与学生作为课堂的参与主体，在应用信息技术方面应提高技能熟练程度与适应性。引进合适的信息技术是开展高效率教学的前提，因而，高校技术教育中心应结合教学实际需求引进相应的信息化教育产品，并组织专门的团队对教师和学生进行技术应用方面的培训，针对在应用该技术或产品时可能存在的问题进行针对性的指导，并且要做好可能出现的应用问题的预案，提高先进教育技术和产品的普及程度与应用深度。当前人工智能技术的发展下，在使用应用信息类教育技术和教育产品时，能够很大程度上实现设备自动和服务主动，由此，信息化教育技术和产品则能够为实现学生的高效率自主学习提供强大助力，从而可以有效激发学生的学习热情。

教务管理部门要重视数据挖掘与技术创新。结合人工智能时代的特征可知，当前的教务系统，包括在线学习平台和课程管理系统等都已经实现了线上线下相互贯通的应用模式。教师在人工智能背景下，对各种教学资源的利用较多，且在全新的教学模式如 MOOC、微课等的应用下，教学过程中就能够产生更多的数据，从而需要教务管理人员进行数据的高效整合与分析。具体应针对教师开展的混合式教学等活动进行翔实的后台记录，对所有教学班的点名签到、课堂互动、课堂作业以及课后作业等进行全程记录，并在大数据技术的支持下形成可视化的报表，从而为进一步的个性化教学提供支持。

（三）创新高校信息化教育形态

要将智慧教室作为创新教学手段的主要依托。人工智能时代对高校教育事业发展提出了智慧建设要求，各个高校需要以学生为中心构建智能化的教学环境，智慧教室就是一个主要表现。在创建智慧教室时，技术人员与教研人员需要针对高校的软硬件水平以及教学的具体要求对教室的细节进行布置。智慧教室中应设置具有记忆功能的白板，其能够为教师板书的上传提供矢量图的支持方式。教室中还会配置完善的多媒体设备和信息化教具，教师可以在无线投屏等功能的支持下对教学资源进行更加直观的展示。

要结合在线教学平台创新教学手段。教师在进行信息化教学时，需要基于信息时代的发展要求对教学方法进行创新，而结合人工智能时代下的技术发展要点来看，高校教师在进行信息化教学时，则要结合在线教学平台对教学手段进行具体创新。在课前阶段，教师可以在平台中下发预习任务，并提出课前讨论题，学生则可以在教学终端设备上进行课程预习与课前讨论。在教学过程中，教师则可以结合在线教学平台对所需的教学资源进行调用，同时可以在在线教学平台的支持下完成分组讨论式教学、情景模拟式教学以及启发式教学等。在课后，教师则可以将课后学习任务发送到在线教学平台中，学生也可以将自己的问题写入在线教学平台，并在专门的师生交流窗口对相关的问题进行讨论。

要推动"智慧教育"实践。在智慧教学环境、在线教学平台以及优质教学资源的支持下，高校教师已经可以实现较高程度的信息化教学。基于信息化教学的纵深发展要求，教师则要不断地以"智慧教育"实践进行推动，以开展更新形态的高校信息化教育工作。教师推动智能化教育实践的具体方式包括利用教学服务器记录学生的学习情况和反馈的问题，帮助学生自动化生成错题集。教师还可以在人工智能技术的支持下，实现对学生作业的自动化批改以及对测试的自动化阅卷。教师还可以对学生的作业进行精准化的诊断和分析，并且可以生成智能化的标注，帮助学生明确学习方向，进而实现更深层次的因材施教。

（四）构建高校教育管理信息化绩效评价模型

在信息化发展的 2.0 时代，高校教育管理信息化事业的发展也要跟上时代发展步伐，而针对高校教育管理信息化的发展而言，高校教研人员需要注重借助绩效评价来指引教育管理信息化的发展方向。在构建基于人工智能的高校教育管理信息化的绩效评价模型时，需把握好该评价模型中的关键要素，应从成本、适用性、效率以及效用四个维度出发，提高绩效评价模型与高校教育管理信息化发展要求的契合度。

该评价模型，包括基础设施、教学环境、教学资源、教学手段、教学管理等指标，将教师和学生作为主要的绩效评价对象，采用多元化和灵活化的评价方式，对高校信息化教学成效进行全阶段的跟进评价。针对高校信息化教学评价，在评价指标中尤其要关注对信息化要素应用成效的评价，在客观、精准的评价结果的指引下，指导高校信息化教育进一步的资源汇聚、智能融入、示范引领与创新发展。

六、当前我国高校教育管理信息化的体系建设

在当前我国信息化快速发展的背景下，高校的数字化以及信息化校园建设势必会对高校中的管理体制、思想以及方法带来巨大的冲击，从而引起管理组织结构的重新组合和进一步优化。当前众多高校也逐渐意识到高校教育管理信息化建设的最大障碍并非来源于技术领域，更多的是由于观念、体制与机制等方面一系列与之相关的束缚。

（一）端正观念、合理定位是高校教育管理信息化体系建设的基础

在高校教育管理信息化体系建设过程中对学校管理思想的更新与完善对其健康发展具有重要的作用。在高校适应与满足教育事业发展需求的过程中，信息化改革尤其是教育管理领域的信息化改革是其重要的方向。作为高校的管理者，应该切实熟悉与适应当前的信息化环境，通过网络与计算机技术等一系列信息资源实现高校的信息化改革。高校的相关管理者需要明确认识到高校的教育管理信息化并不仅仅围绕着教学方式以及基础设施的改造，同时也是全体教职人员思想上的进步与突破。只有思想的更新与改变才能推动和作用于行动，才能推动高校教育管理信息化体系建设从理想走向现实。所以合理定位、正确认识是高校教育工作者尤其是相关管理者需要达到的目标，这也是高校教育管理信息化体系建设切实推进的必要前提。在此过程中，每个管理人员都需要认清高校教育管理信息化的价值与基本内涵，认识到在高校发展过程中教育管理信息化的推动作用，使学校各项工作与教育管理信息化有效融合，将后者进行准确定位并将其切实推行。

（二）加强队伍质量提升是高校教育管理信息的人才保障

在高校教育管理信息化体系的建设过程中，同时需要两种类型的队伍进行密切配合，其中一支队伍是技术专家队伍，主要体现为对信息与软件等方面的开发能力，另一支队伍是教育管理专家队伍，主要体现为熟悉管理流程和精通管理业务的能力。在高校教育管理信息化体系的开发过程中可以走外包路径也可以走自行开发的路径，但两种路径皆不能脱离这两种类型的队伍。首先就自行开发而言，信息系统项目的实施在要求与目标的提出中需要管理专家提出建议，在建议提出的同时进行系统业务流程的编制。其次在系统工作人员进行系统设计与分析的环节需要不断与管理专家进行交流与沟通，从而使教育管理工作的实际落实到具体的系统设计之中，实现系统的高效、科学与便利。最后是程序的编写与调试。在信息系统的工作过程中技术性体现较强，这种特点使得信息系统的开发体现出一种无形的逻辑实体，这也要求人员队伍之间的协调、协作与稳定。另外，对操作人员的技能的全程培训应该伴随信息化的推进全程，让技术力量在相关工作人员的工作中得以贯穿，从而保障教育管理信息体系的正常、流畅、高效运行。

（三）实现统一标准和资源共享是高校教育管理信息化的必然要求

在高校的信息化建设进程中，传统的各自为政和分块开发长期在高校信息改革中存在着，加之各部门间尤其是上级机关间的信息标准颁布存在差异，很大程度上造成了高校当前数据编码格式各异、信息不标准、信息难以有效集成和数据资源难以共享的困境。所以标准与统一是各高校在教育管理信息化建设规划中需要重视和强调的。作为推动高校教育管理信息化建设步伐的重要方式，联合建设应该被日益重视。在教育管理的信息化建设过程中除了资金投入外更应该有效调动各学院和职能部门的主动性、积极性，若条件允许也可同时争取上级部门对高校教育管理信息化建设的支持，形成联合建设、共同投资的态势加快高水平信息化建设项目的启动与推行。在具体的建设过程中，应该多维度考虑，诸如对统一的电子身份认证、高校安全的网络、个性化信息门户、统一规范的信息标准、集成全面的信息系统等进行完善，从而规范统一、有序、共享的信息化服务体系。

（四）完善教学管理信息化系统，健全教学管理信息化制度是高校教育管理信息化的迫切需要

作为教学管理信息化建设的重要环节，教学管理信息化系统的完善能够有

效推动教学管理信息化建设。基于高校教学管理信息化系统，当前我国高校教学管理信息化建设过程中应该提升建设的实际性与针对性，尤其是针对当前各部门之间的封闭现状应该加强互通性与兼容性，从而有的放矢地推进教学管理的信息化建设，实现整体化效应，达到高校中各管理部门的具体工作的协同合作。在此过程中，针对难以或无法整合的系统应该结合相关标准对系统进行数据化分析，从而建立与系统对接的统一接口，通过此种方式实现完整化、系统化的数据处理，实现教学管理信息化系统进一步完善的目标。

作为教学管理信息化建设的有效途径，教学管理的信息化制度也应该进一步强化和完善。信息化校园平台与教学管理信息系统的建立以及围绕着其建设的相关制度的完善能有效保障信息化教学管理的实施。由于教学管理相对较为繁杂，所以信息化制度的建立尤为重要，其能够有效提高教学管理的工作效率。在健全教学管理信息化制度的过程中由于各高校之间存在差异，所以应该结合本校实际综合分析，整体把握具体的教学管理信息化的规律与特点，因地制宜地制定相关规章制度。在制度的实施过程中重视对经验与问题的总结分析，并有针对性地及时修改与完善，提升信息化制度的契合度、科学性及执行效能。

第三节 高校教育管理信息化过程中存在的问题及解决策略

各高校在加强信息化硬件建设的同时，也在不断地加强信息化网络平台、网络教育资源以及信息化人才队伍等方面的建设。但高校教育管理信息化建设是一个庞大的系统工程，需要一个不断发展的过程，虽然高校教育管理信息化建设取得了一些成果，如根据需要开发了各种教育管理信息系统，在一定程度上为教育管理人员提供了很大的方便；但我们也应当看到，目前在高校教育管理信息化建设进程中，还存在一定的不足。

一、高校教育管理信息化过程中存在的问题

（一）管理观念和体制滞后，对教育管理信息化的重视程度不够

在高校教育管理信息化多年的发展过程中，一些高校仍然把精力投入硬件平台的建设，而忽略了现代、高效和智能化的教育管理理念；体制滞后，习惯

于传统的教学模式，管理模式没有与时俱进，这主要因为高校决策部门没有发挥作用，且有关制度不健全，没有设置专门的职能人员等。

教育管理信息化是基于创新教育的要求，基于培养面向信息社会的人才的要求，教育过程不只是一种信息机器引入教育的过程，而是一种教育思想、教育观念变化的过程，是一种基于创新教育的思想，有效地使用信息技术、实现创新人才培养的过程。有些高校对教育管理信息化建设没有充分的认识，认为教育管理信息化建设就是要建立校园网等基础设施，忽略了信息资源、教学平台等多方面的同步建设。有些高校对教育管理信息化建设的重视程度不够，没有制定建设教育管理信息化的总体规划，在信息化建设的机构设置和人员编制上落实不到位，没有形成相应的信息化建设队伍。

在高校中，学校的领导对于信息化管理的接受程度以及态度也在一定程度上影响着信息化管理在学校的发展步伐。实际的情况是很多学校都没有将信息化发展视为一项重要的基础工作加以重视，信息化在学校的发展成为一种形式化，学校领导的认知和对信息化的定位存在极大的偏差，简单地认为实现信息化只是达到完成某项任务的目的，这对于信息化能够给学校教学管理所带来的益处产生极大的误解。有的高校领导也简单地认为学校能否实现信息化的判断依据是这所高校是否具有校园网，这样片面的认识，忽视了对于相关的信息数据以及相关应用的使用，信息化便失去了原有的意义。

（二）信息技术应用不够

目前高校的教育管理信息系统都是按功能划分的，如教学管理系统、精品课程管理系统、科研管理系统等，这些管理信息系统以日常事务为中心，使教育管理人员从繁杂琐碎的事务中解放出来，提高了工作效率，但自动化和智能化不够，网络利用的程度也仅限于适时传递的层面上，未能充分挖掘系统内储存的专业信息、教师信息、选课信息、成绩信息等基础数据，只是一种"教育管理的信息化"，而非真正意义上的教育信息化管理。教育信息化管理的关键在于能够有效地应用信息技术，将教育管理流程中的信息及时获取、储存和使用，并对教育系统进行信息分析，使信息需求者能够快速准确地获得信息。近年来高校在教育管理信息化建设上投入了大量资金，各教育管理部门的软硬件配置也相当高，但各部门上报的数据往往出入很大、无法统一。

（三）教育管理人员的信息素质不高

信息素质是人们认识、获取、创新开发、利用信息的品质和素养，包括信息意识、信息知识、信息能力、信息道德等方面。对高校教育管理者来说，有校内校外信息之分，有纵向横向信息之分，有静态动态信息之分。但目前，高校教育管理人员对信息的敏感性较差，对信息缺乏理性认识，在收集评价信息、加工处理信息、应用信息以及传递交流和储存信息方面能力不够，不善于用信息观点来分析和解决教育管理中出现的问题与矛盾，造成各类信息混杂，缺乏系统化、条理化的加工过程，从而导致信息无法得到有效利用，教育管理效率低下。

在实现信息化的过程中不仅要加大硬件设施的投入，还要重视人才队伍的建设。现如今的教育管理信息化并非单纯的信息化设备以及软硬件系统的采购，也不再是一个特定的职能机构以及工作人员自己的责任，而是全校都应该关注的重大的事业，其中人发挥着重要的作用。我国高校的信息管理人员的素质存在着巨大的差异，这些差异不仅仅体现在技术能力方面，还体现在思想意识以及工作态度方面。部分信息管理人员不愿意学习新的管理方法也不愿意更正自己的工作态度，这对高校信息化工作的推进产生了极大的阻碍。

（四）教育信息系统功能单一

目前，高校每个部门几乎都有自己的管理信息系统，如教学、财务、科研、人事档案等，但只包含与本部门工作有关的内容，对于某一个系统来说，其涉及的面比较窄，而相对于整个学校有关的全部信息来说，它们又分布在不同部门的信息系统上，因而又显得很分散；另外，单个系统本身功能不完善，如教学管理系统，其教学过程管理、实践教学管理、教学设备管理、教室状态、教学进展、设备利用效率等情况都不能体现出来，无法从系统中查询。

还有一些高校缺乏整体有效的规划，没有形成统一的推进机制，难以实现学校之间对资源的共享，使得信息资源缺乏规范性、完整性以及兼容性。信息化建设也只是停留于基础部门的推动以及职能部门是否具有这样的意识，这样弱小的力量自然是难以支撑信息化在整个院校的发展的，缺乏财力、物力以及人力支持，还缺乏整体有效的规划。学校内部多数只有短期的计划，没有长期的计划，也没有较为长期的信息化建设的专项计划。短期计划使得信息化建设出现重复以及数据多样的现象，这样的数据不仅不便于整理，更不用说实现数据的分享了。

（五）信息资源建设跟不上时代发展

教育管理信息化的基础主要是对信息资源的有力建设，然而信息资源建设在我国发展还比较缓慢。一是缺乏强有力的教育行政部门的指导和协调；二是高校之间沟通不足，也没有基本的出发点去统一，去相互支持建设；三是学校

内部各部门之间沟通协作不够。管理的分离，使得教育管理的数据共享无法得到充分实现，由此使各部分之间脱节，产生了很多不必要的行为，也使得数据的准确率大大降低。分散的部门各自对管理信息系统进行关于本部门的工作安排，使得数据被多次采集，增加了工作的负担，且使学校整体的工作没有得到有效的改进，还浪费了人力。

由于教育信息系统是由各个部门分别建设管理的，不同的应用系统由不同的厂家提供和建设，缺少互操作能力，致使其相关的软硬件及数据等资源彼此相互隔离，部门之间难以共享，系统管理者和使用者应用复杂化，由此形成数据重复录入、系统之间数据传递缺乏。如教务处、学生处都各建有学生基本信息档案，科研处、财务处、人事处都建有教职工个人基本信息档案，造成信息资源的多次重复建立和不一致的局面，达不到资源的共享和同步。

教育管理信息化建设最主要的还是进行信息资源的建设，开发和建设信息资源是教育管理信息化建设的基础，同时也需要不断地进行探索才能有所发展。信息资源的标准化在整个教育管理信息系统中起着关键作用。信息的编码规则是不是实用、直观，能否被广泛应用，它的前瞻性又能不能和现在及未来的教育管理模式相适应，这都需要加以考虑。采集数据时，要把握数据的精确性，用科学的方法得到科学的数据结果。只有把信息技术和教学信息资源有机地结合起来，才能建立科学的教育管理信息系统。

二、促进高校教育管理信息化提升的策略

高校教育管理信息化建设的目的是及时了解和调控教育教学情况，保证管理部门之间信息的交互传递和政令的畅通，提高信息的使用价值。规范化、程序化是教育管理的基础，高校教育管理的最终目的是利用信息技术提供实时性、共享性和公正性信息，提高教育教学质量。因此要创新教育管理信息化理念，变"管理本位"为"教学本位"、变"结果处理"为"过程监督"、变"信息管理"为"知识管理"，将各种教学资源转化为显性或隐性的相互之间网状联系的知识集合，并对这些知识进行开放式管理，实现知识的生产、传递、利用和共享，适时反映教学进程，为教学过程的适时调控、教学决策和教学咨询提供依据。

高校教育管理从古代的经验管理到近代的科学管理再到如今的现代教育管理，经历了三个阶段的发展，已经慢慢地走向成熟。现代高校教育管理又分为三个递进的层次：信息化教育管理、大数据教育管理和智慧化教育管理。而智

慧化教育管理可以说是高校教育管理的最高层次，具有生态化、智慧化、人文性的特征。就各高校而言，必须将大数据的理念和技术充分应用到教育管理的转变阶段，深入思考促进学校教育管理发展的关键问题，并提出具有科学性、可行性和可操作性的对策，想方设法地缩小地域原因造成的差异，切实加快各高校教育管理信息化建设进程。

（一）树立人工智能时代教育管理发展理念

我们当前所处的信息时代已经不是以往所说的信息时代了，这个新的信息时代已经成为"云""网""数"的时代，这个时代最需要的不是数据和信息，也不是云计算技术、大数据技术，而是数据化的思维和理念。这个时代的高校教育管理信息化的发展不再简单地依靠信息化的基础设施或者众多的信息技术，而是取决于资源的扩展、数据的应用以及新的思维与理念的形成。因此，树立开放共享、跨界合作的理念是各高校教育管理信息化转型的前提。

1. 共享理念

互联网是高校教育管理信息化建设的基本保障，其作用主要有两个：一是连接作用，连接教师与学生、连接人与资源、连接师生与学校；二是支撑作用，支撑教和学，创新教与学的过程，提高效率。国外发达国家高校教育管理信息化发展稍早，教育管理理念比较先进，其信息技术与人的融合、与教育的融合，以及信息技术在教育中的应用都比较突出，这对我国高校教育管理信息化的发展有着重要的借鉴意义。目前，各高校需要打破传统教育管理中的部门壁垒，冲破学校、领域、地域甚至国域等界限，积极创建协同创新机制与共享交互机制，全力践行新信息时代开放共享的理念，实现优质教育资源和数据资源的共建、共享与共通。

2. "以用户为中心"的管理导向

目前，大部分高校的管理组织结构主要还是"以职能为中心"的划分，这种管理的组织结构看似使各部门的分工更加明确，但是实际上却造成了部门间协同办理能力的下降、业务流程交叉重复等问题，导致工作效率低下。所以，要解决这种问题就要坚持"以用户为中心"的管理导向，以学校管理信息化发展目标为指导，以业务流程为核心，将软件、硬件、服务融为一体，打造一个容易被广大师生接受的、管理任务简化的、面向用户的简单易用、服务统一的集成化平台，真正实现人与人、人与技术、人与数据、人与资源的深度融合，推动学校教育管理模式的变革。该平台建立在学校门户网站的基础上，它是学校业务、教师管理和学生管理的扩展，可以为师生提供统一的身份认证、课程表查询、基本信息的登记、成绩查询和校园信息的查看等服务。

在高校，用户就是指所有的教职员工、学生，"以用户为中心"的导向就是要坚持在教育管理信息化的建设中，将教职员工和学生对信息化的需求、追求的信息化目标以及所要实现的信息化成果放在学校信息化规划的首位，要坚持教育管理信息化，减轻教学管理人员的工作压力、提高教师教学的质量、简化教师和学生办理业务的流程，提高整个学校而不是某个管理层的教育管理水平，这些才是高校要变革教育管理的目标。

（二）加强高校教育管理信息化的顶层设计

顶层设计是自上而下的理性设计和规划，具有长远性、战略性、科学性的特点，是从整体的角度去思考一项工作或某个任务的结构、功能、要素等，来快速、有效地达成项目目标。高校要发展教育管理信息化，实现新信息时代教育管理的转型就需要制定完善的信息化发展机制、科学的发展规划以及民主的教育治理模式，这对各高校教育管理信息化有着重大的指导意义。

1.制定教育管理信息化发展战略规划

高校如何在现有条件和未来条件下实现战略既定目标取决于高校教育管理信息化发展战略规划，加强教育管理信息化的顶层设计，就必须制定学校信息化发展战略规划，这样才能在后续教育管理信息化推进的过程中做到胸有成竹。中国古训："不谋万世者，不足谋一时；不谋全局者，不足谋一域。"站得高才能看得远，能更好地抓住主要矛盾、主要问题，把握正确的方向。统一规划、协调发展可以让基层的力量往一处使，避免资源浪费，更快更好地实现远期愿景。高校教育管理信息化的发展是全校人员共同努力的目标，这就要求高校领导在制定信息化战略规划的时候，要有合作开放的思维，坚持可持续发展的原则，用战略发展的眼光去规划。目前，大部分高校在"智慧校园"的建设上投入了很大的热情，"智慧校园"意味着要建立一个"高效、节能、智能"的绿色校园，这也需要在建设初期就要对各方面、各层次、各要素进行精心的设计和规划，如平台搭建、资源分配、利益划分、结构重组、评估体系等，要激发全员参与的积极性和主动性，加深人与技术的融合，体现新信息时代的人性化，提升高校教育管理效益的同时提高管理的质量。

2.加强教育管理信息化组织领导

高校教育管理信息化的发展需要有专门的信息化管理机构来领导。从组织结构上看，高校需要重新调整领导机构，将单一的技术管理型的信息化部门转变为技术管理型与服务创新型的信息化部门，促进信息技术与教育管理和服务的深度融合,充分发挥信息技术在教育管理中的作用。美国已经有超过一半的高校设立了首席信息官,并使其参与到学校信息化发展规划的制定中,为学校领导层的科学管理提供信息服务的同时提供决策支持。不管是独立存在的首席信息官职位,还是兼职首席信息官头衔,各高校都要根据自身的实际情况,发挥他们在战略规划决策中的主导作用,实现学校教育管理信息化水平的显著提高。当然,一个合格的首席信息官不仅要有信息化系统规划和改革领导的能力,还要有积极主动的工作态度,做到对各种信息化政策及实施方案、意见等的上传下达。另外,顶层设计不是一成不变的,毕竟社会是一个动态系统,所以作为首席信息官要有足够的创新意识,要顺应时代的变化和发展,积极地推动工作创新,不管是技术创新还是应用创新。

3. 明确教育管理信息化发展的架构与制度规约

各高校教育管理信息化的发展必须有一个清晰的架构,确保数据采集、管理、使用、维护等各个环节能无缝连接、运行流畅,从而促进学校信息化建设的可持续发展。在教育管理信息化的发展方面,国外发达国家有许多优秀的案例,如麻省理工学院的 OCW 项目,其目标定位清晰、体系结构合理,各个职能团队各司其职,使得整个开放课程的实施得到保障。各高校可以在《国家中长期教育改革与发展规划纲要》精神的领导下,借鉴发达国家教育管理信息化发展的经验,来规划符合学校自身定位和发展实际的架构。坚持以"业务""问题"为导向,坚持建设与运行维护并重,明确教育管理信息化发展的战略目标,考虑全校人员的利益,提高实施方案的科学性和可操作性,实现建设效果的最大化。

教育管理信息化建设从初期到现阶段取得了一定的成果,各高校在对教学管理信息系统的创建研发中投入了大量的精力,但是与之相配套的制度建设却还不够完善,造成了信息系统在运行中出现各种不良现象,使数据的真实性和有效性损坏,影响了教学管理信息系统的有效运行,为此在继续推进教育管理信息化的进程中必须健全相关的制度。首先,从信息系统技术层面来看,要制定统一、标准的数据信息编码规则,确保数据处理的规范、一致,避免由于数据格式混乱、内容含义表示不清晰而影响后续对数据的统计分析。其次,在系统运行的管理层方面,要制定针对各项教学事务的配套制度,对一切教育信息的使用进行严格的约束和正确的规范,确保信息系统运行的公正、透明和规范,同时建立各种服务事项办理流程的规章制度,便于对发布的信息进行监督,以此来促进整个的教育管理信息化建设规范、有序、持续地开展下去。

（三）促进教育管理信息化的协同发展

协同发展是衡量教育管理信息化建设与发展水平的重要指标，既是当务之急，也是长远之策。研究指出，依赖关系、利益共同体和需求导向是教育管理信息化协同发展动力产生的条件，并根据动力作用源将教育管理信息化协同发展的动力划分为以政策引导力、技术推动力、市场竞争力、文化渲染力和经济支持力等为核心的外部推动力，和以协同目标、协同动机、协同态度和协同能力等为核心的内部驱动力。从协同学视角来看，教育管理信息化动力作用机理是学校自组织与校外其他组织的耦合。在此基础上，构建教育管理信息化协同发展动力机制模型，并从协同理念、政策引领和多元服务模式等方面提出建议，以期为教育管理信息化协同发展提供参考。

众所周知，成功不是某一个人作用的结果，而是不同的个体相互协作的产物。同样，发展教育管理信息化并不是某个高校或者某个信息化部门的事情，而是整个国家、整个社会以及整个学校所有人的事情。所以，高校在教育管理信息化发展过程中，不仅要发挥领导层和各信息化管理岗位人员的作用，更要以信息化领导为核心，协同全体教职工、学生的力量，共同促进学校教育管理信息化的转型，也只有全员的积极参与，才能使教育管理信息化的发展更加顺畅。

1.教育管理信息化协同发展面临的挑战

教育管理信息化是实现教育现代化的有力保障，其协同发展是提升教育信息化应用水平和能力的重要途径，它既受外部环境与人工干预的影响，又受内部协同机制的制约。教育管理信息化的核心和重点是推进信息技术在教育教学中的深度应用，而仅依靠学校力量已不适应新时代教育改革与发展的需求，需要深度挖掘政府、企业和高校等主体间的协同效应与创新作用，围绕共同目标，权衡各方利益，通过主体间的信息流通、资源共享和持续的服务供给等方式来实现协同发展，全面推动教育信息化从 1.0 迈向 2.0 新时代。

从当前的教育管理信息化实践样态来看，教育管理信息化在城乡、校际和群体之间协同联动困难，在业务整合过程中部门间沟通困难、协同机制不健全等问题日益凸显，与新时代对教育管理信息化提出的应用驱动和融合创新的要求仍存在较大差距，一定程度上制约了教育管理信息化的发展水平。当前，教育管理信息化的协同发展面临以下挑战。

（1）政策规划的上传下达与协同推进

教育管理部门在教育管理信息化推进过程中对辖区学校的统筹规划，对具体政策落实的指导、跟踪与评估是其核心责任，而辖区学校是部门教育管理信息化政策具体落实的执行者。一方面，部分区域在统筹规划中未能从学校应用需求出发，在软硬件支持服务方面难以为学校提供个性化服务，导致上层规划与实际应用需求脱节；另一方面，部分区域在推进教育管理信息化实践中信息化的领导力相对薄弱，导致多主体协同推进困难。

（2）优质资源的合理使用与共建共享

目前的数字教育资源数量虽大，但与学科教学相配套的资源缺乏，教师教研和备课过程中很难找到能够满足其教学需求的优质资源。区域内学校间以及区域间各学校的名师资源、特色资源的服务主体相对单一，在资源建设方面主要依靠学校教师，资源开发忽视了企业的技术优势和特色。此外，资源开发与使用的知识产权机制不明晰，优质资源共享流转困难。

（3）信息化应用水平的显著提升与融合创新

教育管理信息化的核心在于应用，应用的关键在于如何有效协同各主体来推进应用的深度和效率，但目前教育管理信息化发展进程中大投入没有大产出、高投资难以产生高效益的问题依然严峻，应用瓶颈仍然存在。此外，学校应用信息化教学的内部动力不足，外部动力滞后，大部分学校采取自上而下的推动形式，只有极少数学校能够从教学需求角度积极主动地尝试应用信息化。

（4）信息技术的支持服务能力与可持续发展

高水平的教育公共服务体系是教育现代化程度的一个重要标志，其支持与服务主体除了学校和政府外，企业、家庭等都将会成为教育管理信息化开展课题研究、探究新型教育理念与模式、提供持续的技术支持与服务的重要力量。而学校在选择教育服务产品和服务模式方面缺乏自主权，加上信息化企业类目繁杂，可持续的优质服务有待提升。

2. 教育管理信息化协同发展的动力机制

动力机制是指事物发展过程中各种动力的作用原理、传导过程与内在联系，其本质是揭示事物各部分如何通过相互作用以实现整体最优化的运作方式。动力机制一般包括事物发展所需动力的产生条件、动力的形成、动力类型、推进事物发展的作用机理四层含义。

（1）教育管理信息化协同发展的动力产生条件

1）多主体相互依赖是教育管理信息化协同发展的前提

高水平的相互依赖是协同的前提条件。相互依赖是普遍存在的，教育管理信息化建设正逐步从传统的"自上而下"服从模式转变为"自上而下"与"自下而上"相结合的多主体协作模式，各主体为了实现各自目标而需要进行知识共享、资源交换和信息互动，形成相互依赖关系，实现教育管理信息化的协同发展。具体而言，包括政策规划上的相互依赖（表现为政策规划的发布与落实的执行力）、教育资源上的相互依赖（表现为资源的共建共享能力）和信息化应用上的相互依赖（表现为实际应用需求与所提供的教育产品的契合度）等。各主体间若没有广泛的联系、互动与依赖，便不会形成协同发展。同时，协同并不排斥竞争和冲突，相反，在联系与互动过程中产生的一些冲突可能会成为各主体形成依赖关系的基础。

2）利益共同体视角下各主体目标的实现是教育管理信息化协同发展的契机

教育管理信息化在推进过程中涉及教育管理部门、企业和高校等多个参与主体的利益，各主体期望在实现各自目标的基础上达到利益最大化，获取协同价值，形成利益共同体。该过程是个体利益和群体利益博弈与重组的过程，最终形成能够促进教育管理信息化协同发展的绩效链。利益共同体的构建是维系教育管理信息化多主体协同发展的直接动力源。

3）以需求为导向推进信息化是教育管理信息化协同发展的核心

以需求为导向的"自下而上"的主动应用信息化不仅是未来信息技术与教育教学深度融合的必然趋势，也是教育管理信息化实现协同发展的核心。教育管理部门、企业和高校等主体需要通过广泛调研了解学校信息化教学应用和学生发展的实际需求，多途径、全方位地分析教与学的需求，为教师和学习者提供并创造能够满足其实际需求的产品或服务。

（2）教育管理信息化协同发展的动力形成

教育管理信息化是一个开放协同和多元发展的系统，各主体具有各自的核心能力。其中，区域教育管理部门根据国家教育方针，出台相关规划并协同有关部门推动教育管理信息化的实施与落地；高校根据国家教育信息化规划，结合区域教育现状，研究适合区域教育发展的新型教学模式和学习方式；企业对学校进行实际需求调研，结合高校的研究成果，开发适应学校发展所需的基础设施、数字资源和配套的支持服务；家庭为学校信息化提供支持；学校根据国家和区域教育规划，制订适合本校发展的方案，与企业协作获取资源与持续的支持服务。各主体投入各自资源并发挥各自核心能力，通过多元主体的优势互补与整合形成协同效应，其动力形成的方向和目标是教育管理信息化应用能力的逐步提升，并实现从应用向融合创新转型。

（3）教育管理信息化协同发展的动力类型

动力是推动事物运动和发展的力量，影响动力作用的要素是导致事物不平衡发展的主要原因。有学者从系统论和组织学等视角将协同发展的动力来源划分为内部驱动力和外部推动力。格特纳等运用系统论和组织学的原理与方法提出产学研协同创新的动力，包括市场的供需状况、政府政策的外部动力，以及合作方对利润追求的内部动力。周正等将产学研协同创新的动力具体化为以技术推动力、市场需求拉动力、市场竞争压力和政府支持力等为核心的外部动力因素，以及以利益驱动力、战略协同引导力、内部激励推动力和创新能力保障力等为核心的内部动力因素。教育管理信息化协同发展的动力是推动其发展的力量和根本原因，根据动力的作用源可将教育管理信息化的动力类型划分为外部推动力和内部驱动力。

1）外部推动力：信息时代教育管理信息化协同发展的重要机遇

教育管理信息化协同发展的外部推动力主要来自以政府主导的"自上而下"的推动，作为教育管理信息化发展规划的制定者，政府部门的教育信息化政策起着引导、推动和具体落实的作用。企业之间的良性竞争会促使教育产品在教育市场的自由选择中展开竞争，推动教育信息化的发展。高校对教育管理信息化的理论研究与实践为教育信息化的持续发展提供了文化环境。外部推动力是促进教育管理信息化协同发展的外生力量，具体包括政策引导力、技术推动力、市场竞争力、文化渲染力和经济支持力等。

2）内部驱动力：需求导向下教育管理信息化协同发展的自我演化

内部驱动力是教育管理信息化系统内部产生的驱动其发展的内生力量，也是教育管理信息化协同发展得以实现的根本和决定性力量。内部驱动力涉及各要素间的吸引与排斥、合作与竞争等，它从根本上决定着主体关系的格局和趋向。教育管理信息化推进过程中必须唤醒各参与主体的内部驱动力，从学校信息化实际需求出发，激发教师与学生积极主动应用信息技术的主观能动性，具体包括协同目标、协同动机、协同态度和协同能力等。

（4）教育管理信息化协同发展的动力作用机理

从组织力来源来看，组织力来自系统内部的是自组织，组织力来自系统外部的是他组织，一切系统都是自组织与他组织的某种统一体，任何系统均受内外因素双重作用的影响，任何一项组织活动都是自组织与他组织共同作用的结果。教育管理信息化作为一项复杂的系统工程亦是如此，涉及资源配置、跨部门的业务沟通和整合，需要多主体协同参与。教育管理信息化的发展源于学

校自组织与校外他组织的协同，其动力作用机理是学校自组织与校外他组织的
耦合。

本书基于自组织和他组织视角，构建了教育管理信息化的基本组织结构，
如图 2-1 所示。其中，虚线框内为自组织，其余为他组织。

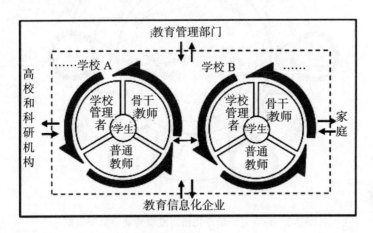

图 2-1　教育管理信息化的基本组织结构

教育管理信息化的协同发展所面临的诸多困难，在很大程度上归因于协同
发展动力机制缺失。教育管理信息化体系中教育管理部门、高校、企业和家庭
等主体通过权衡内部依赖关系、构建利益共同体和满足各自实际需求等前提条
件，激发彼此合作活力，协同提供个性化的支持与服务。教育管理信息化协同
发展是内部驱动力与外部推动力交互、协同作用的过程，二者相互作用共同构
成了教育管理信息化协同发展的动力组合。教育管理信息化协同发展的动力正
是引发各主体间实现信息互联互通和资源共享流转的关键，通过要素间的协同
激发内部驱动力和外部推动力之间的相互作用。在内外部动力的双重互动下，
形成协同管理、协同教学、协同教研、协同科研和协同教育，最终达到教育管
理信息化的协同发展并实现协同效应。本书在对教育管理信息化协同发展的动
力产生条件、动力的形成与类型、动力机理分析的基础上，构建了教育管理信
息化协同发展的动力机制模型，如图 2-2 所示。

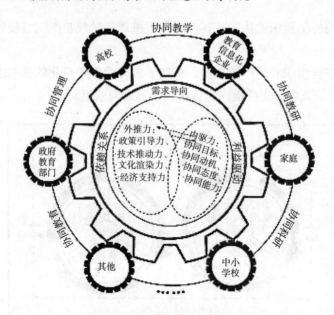

图2-2　教育管理信息化协同发展的动力机制模型

3.如何促进教育管理信息化的协同发展

（1）学校宏观领导

在高校教育管理信息化的协同发展机制中，学校领导层主要在顶层设计、制度建立、标准制定等的宏观方面发挥决策指导作用。首先，学校要加大相关规章制度的制定，以国家法律法规为准绳，确保本校教育管理信息化发展所有的战略规划和建设项目都是不违反法律、不越过道德界限、符合国家规范的。另外，在教育管理信息化发展过程中涉及个人隐私、信息安全和道德问题时，要保证对此类数据的保护，如遇到隐私被侵犯或者信息泄露等问题，必须正视并且做出合理的解决，以促进信息技术的正确且合乎人伦的使用，发挥其作为工具和手段的正当价值。其次，学校领导层要明确本校教育管理信息化发展目标，做好顶层设计，对在教育管理信息化建设过程中出现的各类问题及时做出决策，并且追求反馈；同时，高校领导层要保证教育管理信息化建设的资金来源，确保各类基础设施的及时到位，系统资源的使用正常，后续发展的跟进。最后，要时刻关注国家对教育管理信息化的新政策和新要求，关注社会新动态，对教育管理信息化的总体规划做出对应的调整，保证学校的创新发展。

（2）各部门协同管理

教育管理信息化建设需要团队的协同作战，而团队的协同程度，影响着整个建设团队的工作绩效，关系到教育管理信息化建设的进展速度和建设目标的有效达成。在高校教育管理信息化的推动过程中，很多项目难以高效及时地完成，在很大程度上是各个部门之间缺乏协同管理造成的。目前高校教育管理信息化建设过程中除了存在有些学生、教师等不愿意积极参与教育管理信息化的建设外，很大的问题是部门之间沟通不畅，彼此之间不愿意信息共享；承担工作任务时相互推诿，不愿意合作完成。但是，教育管理信息化的建设需要多方参与，而各职能部门作为高校管理大军，进行跨部门的协同管理是发展教育管理信息化最有效的助力。

首先，在高校教育管理信息化建设的过程中，学校各行政管理部门要积极进行沟通，沟通的目的是消除误解、畅通渠道，达到传递信息的目的，并且在沟通的过程中可以就某个问题达成共识，并且双方都可以参与进去，最终就某一业务的流程进行重组并简化相应流程；其次，搭建跨部门协作的桥梁，建立跨部门协同机制和渠道，做到部门间沟通交流无障碍，数据信息交换共享畅通无阻，定时召开跨部门会议，及时解决问题；最后，各部门管理人员要树立服务的理念，明确为教学管理服务是各部门的根本价值所在，实现从管理型向服务型转变，形成职能部门为教学科研机构服务、党政权力为学术权力服务、管理人员为师生服务的大服务格局，同时，以服务为中心也是整个社会管理思想变革的趋势。当然，跨部门协同管理中肯定存在障碍，如部门之间的认知误解，部门职能的模糊地带，不容忽视的"部门墙"等，尤其一些业务事项既不完全属于"我"部门，又跟"你"部门也有关系，处于几个部门的职能交叉地带，所以就造成了"都不管地带"，要解决这些问题，就需要大家围绕一个重点，即找到学校教育管理信息化的战略目标、部门目标、项目目标、个人目标的同一方向，凝聚共识，梳理模糊地带，消除部门间的壁垒，达到协同管理的目的。

（3）加强校企合作

高校教育管理信息化建设项目是一项涉及面广且较为复杂的工作，具有投入大、风险高、周期长的特点，一旦项目建设失败，将会对高校造成巨大的损失，所以，要确保教育管理信息化的建设工作顺利进行、降低失败风险，很多高校都会选择与企业进行合作。在教育管理信息化发展过程中，高校对自身的业务管理更为熟悉，而企业在技术方面更为擅长，在信息系统和数据平台的建设方面水平更高。所以，高校要加强在教育管理信息化建设中与社会高水平企业的合作，增强学校信息化关键技术、重要产品的研发力，掌握技术主权。高校教育信息化建设软件的开发模式有定制开发模式、采购成熟商品软件模式和自主开发模式。定制开发的信息系统功能模块清晰，符合学校现有的管理流程，并且能很好地满足学校的个性化需求，但是缺点是开发周期长、缺乏成型参考、失败风险高。相反，成熟商品具有一定的稳定性、通用性和易维护性等，但是却不能完全满足高校个性化的管理需求。与之相比，最好的开发模式应该是由高校自行开发信息系统。因为，系统研发人员是高校人员，他们熟悉学校的管理流程，并且与学校管理层沟通交流较为容易，可以理解系统需求，同时节约了大量的产品购置费用和后期维护费用，但是，由于缺乏专业的软件开发团队，又缺乏软件开发经验，因此，以学校的技术力量则难以胜任大型复杂的信息系统开发项目。

由此看来，建立校企合作、创建校企联合软件开发模式是很有必要的。首先，寻找合适的、有实力的软件开发企业，然后与企业签订校企联合软件开发协议，成立校企联合软件研发中心，与企业建立深度合作关系。具体来讲，学校可以培养一支自己的技术团队，快速地学习企业现今的软件管理经验与软件开发技术。其次，以校企联合软件研发中心为载体，合作双方可以进行资源共享、优势互补，实现学校、企业、社会、学生多方共赢的目标。

（四）构建教育管理信息化的评价标准体系

教育管理信息化在经历了多年的研究与实践之后，已成为教育领域每个职能部门、每个岗位都或多或少涉及的。它已不再仅是信息化部门的职责，而成为教育管理的常规工作之一。由此教育管理信息化评价也不再是针对教育信息化部门工作的评价，而应该成为学校教育管理评价的一个重要组成部分。目前的问题是，教育管理信息化评价的研究与实践并未跟上信息化融入教育管理的步伐，尚未以教育管理信息化评价的姿态出现，依然停留在以人机比、以数字资源数量衡量信息化建设的状态之中。教育管理信息化评价标准研究的缺失极大地影响了教育信息化从建设向应用的转型，制约了教育管理在信息化的辅助之下更科学、更高效开展的可能性。本节从教育管理信息化评价标准体系的角度，初步探讨如何通过多层标准的合力达成对教育管理信息化工作的全方位评价。

1. 基础数据共享中心及"一站式"师生服务平台建设

在过去的教育管理信息化建设过程中，各级教育管理部门、教育机构、大部分高校纷纷投入信息系统的建设，一时之间，建立了一大批信息化管理系统，在教育管理信息化的建设和信息化服务方面取得了不错的成绩。但是，这些系统大部分都是独立的，缺少统一规划，系统运行缺乏标准化，导致系统间无法实现数据交互，形成"数据孤岛"。因此，作为教育管理信息化建设的重要组成部分，基础数据共享中心及"一站式"师生服务平台的建设显得尤为重要。

（1）创建基础数据共享中心

基础数据共享中心是教育管理信息化建设的重要组成部分，通过统一的访问接口，将网络技术、存储技术、云计算技术等融合应用，打造出一个可以实现数据的传输、同步和共享的独立平台系统。随着我国高校办学规模的不断扩大，首先，学校的基础数据量越来越大，因为所有系统的运行都是基于基础数据的，所以学校的各级办公系统中都存有大量的基础数据。这样的系统运行就会出现：如果其中一个系统的基础数据已经修改了，而其他业务系统在对数据进行处理的时候依然使用的是从原来的系统中提取到的数据，这样就造成了基础数据的不统一和数据的多样性。但是基础数据共享中心的建立可以有效地解决这个问题，有了数据共享中心，所有的系统在运行过程中的基础数据，包括对基础数据的操作结果都会被保存在数据共享中心库中，当这个数据再次被使用时，只需要从数据共享中心提取即可，这样就保证了各类基础数据的统一和规范。其次，基础数据共享中心的建立整合了所有系统的基础数据，这样既实用方便，又可以节省空间，即将系统运行产生的基础数据，都存储在数据共享中心的中心库，只在生成这些基础数据的系统中做一个数据备份，以便于数据共享中心的中心库出现问题时恢复数据，其他的信息系统不需要再次对基础数据进行存储，这样就会节省大量的服务器空间。最后，基础数据共享中心作为所有业务系统基础数据的存储库，可以为各个业务系统提供数据的抽取，这样就实现了不同业务系统之间的数据共享，从根本上解决了"信息孤岛"问题。

（2）创新"一站式"师生服务平台

"一站式"服务的理念，最早来源于2001年德国等欧洲五国联合提出的"'一站式'电子政务"概念，即一种利用互联网或其他快捷方式来为用户解决问题的方便、人性化的服务。例如，英国大学联合会为给师生提供便捷高效的服务，将"一站式"服务的理念引入高校师生服务中，并且率先在高校建立"一站式"服务大厅。之后，这种"一站式"服务平台由于其先进的理念、高效的服务受到世界各高校的效仿和引入。如美国特拉华大学面向全体学生打造的教务、缴费、餐饮、经济资助等一系列服务的"一站式"学生服务模式，值得很多高校参考和借鉴。

我国部分高校也受到"一站式"服务理念的影响，迅速发起"一站式"服务大厅应用。2003年9月，浙江万里学院建立了第一个"一站式"学生服务大厅——"阳光大厅"，其整合了原有的分散的学生管理部门，打造了流程规范、服务高效的学生事务管理中心，为学生提供"一站式"服务。在这之后，北京、上海、杭州等地的高校也纷纷建立了类似的"一站式"服务大厅。据不完全统计，截至2013年，我国有近60所高校对外宣称设立了"一站式"学生事务中心，从地域上看，呈现东多西少的状态。虽然我国"一站式"服务中心的建设数量不断增多，但是仔细研究，存在很多的问题，如高校"一站式"服务中心名称不一，有"大学生事务中心""学生事务中心""学生事务服务中心""学生'一站式'服务中心"等很多种。另外，还有缺乏后台数据库支撑、网上业务办理时间长、服务差等多种问题。

所以，各高校"一站式"服务大厅的建设不能盲目效仿国外其他高校的例子，而要在借鉴其优势的同时，立足各高校校情，在原来的基础上创新符合各高校自身情况和定位的师生"一站式"服务大厅。

2.教育管理信息化标准现状及分类

（1）教育管理信息化标准现状

在教育信息化工作中，长期存在着指导相关条件建设的各级教育信息化建设验收标准。这些标准以硬件设施设备为主要管理对象，也涉及组织管理、软件资源、人员队伍等指标，指标随着信息化条件的不断变化而有所变动，但一般多体现为对数量或者质量（配备水平）等方面的要求提升。

还有一类标准的规范对象为教育活动的实施者。典型如教育部2001年推出的《关于加强高等学校本科教学工作提高教学质量的若干意见》，其中有对教育信息化工具使用次数、时长及信息化成果数量的规定；再如，2004年教育部出台的《中小学教师教育技术能力标准（试行）》，对中小学教师的信息技术教育应用能力相对应的内在品质给出了描述。

除了以上面向教育工作者的标准以外，教育信息化领域中还存在一类关于相关硬件、软件开发者的技术标准。这类标准负责制定硬件、软件设计开发的技术规范，虽与教育工作者无直接关系，但却是教育信息化实施的基础。

近年来，在学校评估中，信息化也开始作为指标成为对学校日常工作的评价方面之一。但这些标准，或依然只关注信息化硬件的建设，或虽提出了信息化的管理模式这一要求，但线条过粗，对如何开展教育管理信息化工作无实际指导意义。

除了实践层面的标准制定与实施，在理论层面，学者也就教育信息化评价展开讨论。其讨论范围除有关上述类别标准的讨论以外，还包括教育管理信息化成本效益研究等。

（2）教育管理信息化标准的分类

根据系统评价理论，对于一个过程系统，其可评价的项目内容可分为三类：关于系统的素质条件的内容；关于系统的运动过程的内容；关于系统运行结果或效果的内容。这一划分方式从时间维度上对应事前、事中、事后三个阶段，强调不同时间段对评价标准的不同需求，从这些角度制定的评价标准分别被称为条件标准、功能标准和效能标准。

①条件标准。条件标准也可称素质标准，是从价值客体完成主体要求的能力角度对客体考察。条件标准的对象可以是人也可以是物，还可以是人物复合系统。素质条件表现为客体的一定状态，所以是一种静态考察。

②功能标准。功能标准是从对工作过程要求的角度对客体行为的衡量。任何效果都需要通过一定的过程来实现。不可能工作过程做得完美无缺而效果不好，所以设计良好的工作过程考核指标体系是一举两得的事情。功能标准的对象虽然是人，但是考核指标不一定直接针对行为，而可能是行为的结果。但这个结果不是全部工作过程的最终结果，而只是一个具体行为的直接结果。在教育信息化全面融入日常教育管理工作以后，教育信息化工作往往是与教育管理相关职责合为一体或隐藏于教育职责之后为其服务。为体现教育信息化为教育服务的本质。我们将教育信息化职责准确称为教育信息化功能，相应的职责标准也就称为功能标准。

③效能标准。效能标准是从主体最终目标的要求对客体满足主体需要的考察。效能标准包含两个方面：一方面是最终效果要求；另一方面是效率效益指标。效能标准也可称为绩效标准。由此可见教育信息化成本效益研究正属于效能标准。考察教育信息化领域内的评价标准工作，大量的条件标准集中于信息化工作开展之前，对工作的开展做了全面的准备；对于信息化工作完成后的效能评价，虽未有评价标准投入使用但已有研究的展开。然而唯独对信息化工作开展过程没有任何规范。这一现状的结果是，教育管理者可以明确地知晓如何建立良好的环境，也能隐约看到对应的工作目标，但唯独对如何通过具体的信息化工作过渡到对应的目标无头绪可理。在实践中，教育管理实践者对信息化评价标准现状已有不满，希望出现新型标准对应信息化的应用而非建设性评价。这体现出教育工作者希望弥补教育信息化功能的目标。

3. 教育管理信息化评价标准体系的建立

对于教育管理信息化工作而言，需要条件标准、功能标准、效能标准三类标准共同发挥规范作用。三类标准之间相互关系如何，它们又构成了怎样的评价标准体系结构？

以系统评价中过程系统的角度分析教育管理信息化工作，三类标准显示出明显的时间前后顺序与承接关系，如图 2-3 所示。

图 2-3　三类标准的时间前后顺序与承接关系

以此关系验证具体的教育管理信息化项目，可以看出本关系的成立：必须先以条件标准规范信息化项目开展的环境建设，再以功能标准规范信息化项目的开展，最后以效能标准评价信息化项目的最终效果。

然而教育管理信息化工作不仅仅是某项具体项目的实施，因此并不是清晰地经历着从前期准备到工作开展再到完工验收的一次性过程。对于具体的某一项信息化项目而言，虽有始末，但对于教育管理信息化整体工作而言，工作是持续的、重复且不断推进的过程，不断推进的信息化工作对条件会随时提出新的调整要求。教育信息化在教育管理中的作用在不断发生微调并从而产生质的飞跃，所能实现的效能也在不断提升。

在这个过程中，三种标准都在不断变化并起着引导与规范作用，它们处于长期共存状态，因此图 2-3 所示的前后顺序，并不适应于教育管理信息化评价标准体系的结构。

再仔细分析三者内涵。我们可以发现这样的规律：效能标准是对教育管理信息化工作整体目标的规范，目标如何达成，则需要通过功能标准落实到对具体信息化工作的规范中去，离开了功能标准对具体工作的规范作为实现基础，效能标准的实现就成了空中楼阁。再分析功能标准，其实现前提是相应教育管理信息化条件的具备，没有条件标准所规范的信息化的具备，功能标准的实现也就没有了物质的实现基础。再反向思考这三者之间的关系，条件标准的存在意义在于以条件的具体规范促成功能标准规范内容的实现，功能的达成是条件之所以需要具备的目标与动力，功能标准的存在意义在于通过对信息化功能的规范最终促成信息化效能标准规范内容的实现，效能的达成是功能之所以存在的目标与动力。

通过以上分析，可以发现教育管理信息化的条件标准、功能标准、效能标准，用层次结构表示，能恰当地体现三者之间的相互关系，如图 2-4 所示。

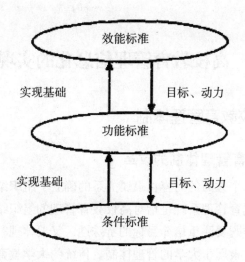

图 2-4 三类标准的结构关系

在由三层标准所构成的教育管理信息化评价标准体系中，上层是其下层的目标与动力，而下层是其上层的实现基础。功能标准是连接条件标准和效能标准的桥梁，它向下与条件相衔接，是条件建设目的的直接表达，它向上与效能呼应，即功能的实现和实现水平是达成效能的直接前提。但是遗憾的是，在长期的教育管理信息化工作中，功能标准一直被忽视。但是似乎这种长期的忽视并没有给我们多年来的教育管理信息化工作带来明显的影响。

在数据处理时代，工作重点在于软硬件等条件的建设，因此条件标准受到认可与重视，在评价标准体系中占据关键地位，功能标准与效能标准暂未引起大家关注。此时信息化工作因为以自身建设为主，与其他职能的融合较少，所以可称为教育信息化工作。但是进入信息技术时代后，教育管理信息化工作的重点已由建设转向管理与应用。

在信息技术时代，与管理及应用这些工作重点相对应的是：评价也应转向以管理与应用为主。在信息技术时代的评价标准体系中，功能标准将取代条件标准成为关键性标准。

从理论角度分析，现阶段功能标准理应浮出水面，但现实工作中功能标准的缺失却是事实，这也就为近年来教育管理者不满于现有信息化标准，希望有新型标准评价信息化应用的呼吁找到了理论根源。

至于评价标准体系中的效能标准，近年来已有研究有所涉及，而随着其下层功能标准的逐步完善，可以预见其在体系中的重要性与可行性也将逐渐提升。

第四节　高校教育管理信息化的实现路径

一、创新高校教育管理体制

（一）高校教育管理体制的改革

管理系统包括三个方面的内容：隶属关系的确立、组织结构的建立和管理权限的划分。高校教育管理系统是指对高校教育管理的组织结构和权力归属进行划分，划分的时候既要注重培养目标的特殊性，又要体现教学水平，更要遵循教育教学规律。这隶属于大学的管理体制。传统的大学教育管理结构是金字塔型结构，是由官僚式组织结构形成的垂直自上而下模式，强调管理结构位于上层组织结构中的权威。教育机构是这方面的代表。教育家罗泰就曾经表示，学校里面，管理权集中在最顶端，权力集中分配，按等级分配。

在当今信息时代，学校的环境变得更复杂、更多样，这要求学校的管理方式既要多样化也要兼顾个性化。传统的教育管理体制不灵活，对于内外环境的变化应对不及时，过于僵化。新技术环境冲破了原有教育结构的刚性布局，僵化的条理信息传达形成了灵活多变的结构和扁平化的信息传递渠道。因此，对传统高校教育管理体制进行改革是有必要的。在改革过程中，人工智能提供了强有力的支持，为教育管理体制改革注入了新的活力，在学校管理组织体系中应用广泛。广大师生都是人工智能技术的拥有者，他们具备参与改革的知识和能力，是教育管理体制改革的领导者。同时，信息社会的到来，对教育管理者的素养提出了更高的要求。

（二）高校教育管理组织结构的变化

我们可以从以下几项对高校教育管理组织结构进行评价：①责任性，组织的每个成员都应该对组织负责；②适应性，组织要随时不断变化并进行革新；③及时性，要及时完成工作，速度要快；④响应性，对组织外部环境需求，要及时响应；⑤效率，组织成员要可靠地完成任务，还要有最小的出错率，并且要考虑到资源的经济性，简单说就是又快又好。但是目前的高校教育管理组织结构是一种官僚主义，我们要改变目前的这种结构，这样才能提高高校教育管理的效率。根据以上几项的要求，需要一种扁平化的教育管理组织结构，对官僚制组织结构进行改革。高校教育管理是指要取消教学机构管理组织中的大部分中间管理层，加大管理组织的扁平化，以达到减少中层管理团队的目的。在大数据环境下，教育管理组织的扁平化是有可能的，也是有必要的。这有以下几点原因：①对组织结构进行扁平化处理，有助于充分发挥基层管理人员的能动性，给他们以更广阔的发展空间；②大量烦琐的、需要人来完成的工作，可以由计算机或者自动化设备完成；③由于网络交互的特性，决策层和执行层的信息传递更加方便快捷，一些中间层管理机构可以取消，使得加强管理幅度成为可能。

（三）高校教育管理权限的重新划分

在高校教育管理的组织环境下大数据趋于简化，但组织关系更为复杂，这是因为缩简机构，降低管理人员的数量，导致机构之间、管理人员之间以及机构和管理人员之间的关系更为复杂。系统进一步发展后，会变得更加复杂。这时，如果日常管理权继续收归中央机构，它就变得难以维系，中央机构就必须把部分管理权下放到下层。

对于高校来说，高校管理属于宏观层面的管理，教学质量与高校管理的有效协调与控制有着密切的关系。因此，高校管理层应对整个学校的所有专业进行很强的管理，并施行对应方针政策，这样才能作为整个教学过程的有力保障者和支持者。管理的具体内容包括负责学校招生和分配工作，对全校教育管理的重大问题做出决策，制定学校教育管理规章制度，建立科学合理的教学质量评价体系，制订合理的培训计划，制定或修订教学计划的要求，对实习进行安排、对公共选修课和文化素质课进行安排，对学生进行管理，加强对教学科研所需的信息系统以及教学基础设施的建立。当然，在这些管理活动中，教师和学生的意见不容忽视。学校管理系统的职能首先是宏观管理，其次是为教学工作提供方便，最后是决策。我们应该注意到，这些管理活动在不同部门的分工不同，赋予各部门的权限也不同，怎么分工，如何赋权，值得探讨。学校（系）级各部门层面有自己比较完整的教学管理组织结构，如有多个部门和相应的教学秘书，有教务处，对学生的工作负有特殊的责任，还有分配学校教育经费、负责部门课程安排与教师安排的权力；制定更加详细的专业教学，如教学质量评价、各种考试的组织、实验设计和实践安排；负责学生的奖惩等处理以及院（系）、学校教学之间的协调问题等。在这一系列活动中，师生参与决策。

传统的教育管理权主要归校长和负责教学工作的副校长所有，教学活动在教学部门的领导下开展，教师听从院长的安排，按照同一教学纲领对学生进行知识的传授。然后教师布置要学习的各种知识，学生学会如何学习，至于要学什么，在教育管理中，谁也没有发言权。也就是说，教育管理的权威掌握在学校的领导的手中，教师和学生基本上没有这方面的权利。为了能够让教学活动变得既有效又有趣，应该将更多的权利和更多的自由给予教师、学生。首先，教师和学生在涉及教学层面的重大决策和决议时，都有评价权、提案权甚至决策权，而且这些权利应该设立具体的规章制度进行保障。其次，对于教师，他们可以选择教学对象、研究项目，并得出自己的结论；对于学生，在正确的方法指导下学习的前提下，具有选择选修课程的自由、选择相关的专业的自由、选择教师的自由和选择学习内容的自由，并且能够形成自己的自由思想，参与教育管理评价。

二、改革和完善高校教育管理

（一）引入先进的管理思想

只有在先进管理思想的指导下，教育管理才能发展起来。在信息化时代，高校教育管理者除了要具备教育管理能力外，还应具备先进的管理思想。

第一，主动适应的思想。主动适应思想是指教育管理工作应主动适应社会发展需要对人才的培养，随时随地捕捉信息社会对人才的需求，及时调整教育管理思路，顺应时代的潮流。主动适应性思维将成为高校教育管理的指导思想，教育管理的主动适应性思维强调适度分权，针对内部要素和外部环境的变化采用灵活的态度来应对。

第二，"以人为本"的理念。学校管理的中心工作是教育教学管理。"以人为本"的管理理念，首先体现在管理过程中强调人的主体地位，使得教师和学生在工作与学习的过程中，参与管理活动的同时，也培养身心、提高能力、增长知识等。教师和学生的创新使其巨大的潜力得以发挥。因为学生是学习的主体，教师是教学的主体，他们的创造性、积极性思维，对提高教育管理的质量起着举足轻重的作用。因此，在管理过程中要以充分发挥和调动教师与学生的创造性和主观能动性为根本，在所有的管理活动要注意到各个方面，这样才能提高教学质量。

第三，全面质量管理思想。从根源上说，全面质量管理思想可以追溯到美国各公司的管理思想。全面质量管理（Total Quality Management），按国际标准化组织的定义是指"一个组织以质量为中心，以全员参与为基础，目的在于通过让顾客满意和本组织所有成员及社会受益而达到长期成功的途径"。在高等院校的教育管理中实行全面质量管理，主要包括以下几方面内容。①全过程的质量管理。要保证以教育目标为中心，有序地开展教育教学活动，就要监督各个教育教学环节的质量，并对各环节的"接口"进行管理，确定各个环节达到预先设定的质量标准。②全方位的质量管理。要进行综合性的管理，只要是影响或涉及教学质量环节和因素，就要考虑。如对后勤服务部门、管理部门自身等部门的工作质量进行管理，这些工作都会影响到教学质量和教学工作，还有这是我国高校的实际情况。③全员的质量管理。学校的各个部门、每一位成员（包括全体教师和学生）都应该主动积极地参与质量管理，努力提高自己的工作质量，以培养高素质的专门人才。

（二）利用信息化手段改革教学计划的管理方式

要深化教学改革，第一步要做的就是改革教学计划。只有好的教学计划才能保证好的教学质量。制订好教学计划，是建立教学体系、安排教学任务、组织教学过程的基础。教学计划一般是在国家相应教育部门的指导下，考虑全局效益，由教育学家或相关人员独立制定的。教学计划都符合教学规律，一段时间内稳定不变，但长远来看，也要不断及时调整和修正，以适应社会的新发展、经济和科学技术的进步。

教育管理者还要改变传统的教学观念，及时修改和调整教学计划，原因有以下几点。一是从社会对人才的要求来看，因为当今科学技术对社会经济人才发展的要求越来越高，要综合社会对人才的要求来制订教学计划。二是从人才的成长来看，大学也只是学习的一个阶段，是终身学习的重要组成部分，而不是学习的终点。所以大学阶段，既要学好专业知识，更要学会学习，还要学会生存，学会共同生活，学会做事，也要注意创新能力和创造能力的培养。三是从整个世界来看，中国已经加入世界贸易组织，经济全球化的发展趋势迅猛，中国的人才要走向世界，在全球进行竞争，中国教育也要注意国际化人才的培养。

信息化时代要求我们紧跟时代潮流，准确预测社会对人才要求的改变，培养符合国家要求的人才。要达到这一目标，我们应该充分利用信息技术，制订教学计划，并对其实时监控和及时反馈，制定对教学方案的评价标准，尽量满足社会对人才的要求。

（三）改革学生的培养方式与管理模式

信息时代要求人才具有更高的素质，改革人才的培养方式和管理模式是必要的，信息技术为这项改革提供了条件，信息技术大数据环境下改革学生的培养方式主要体现在以下三个方面。

一是在教学中促进"参与式"的教学方法（也称合作教学或合作学习）。这种教学方法以提问式教学、开放性内容为特征，问题无标准答案，作业、论文也很少甚至没有，学生有充足的自由思考的时间和空间。利用网络技术和计算机技术收集相关信息来解答问题，通过对问题的解答过程来完成学习的过程。在这个过程中，学生不仅掌握了借助网络解答各种问题的能力，而且最后学会了与问题有关的知识。同时，针对学生自身的特点确立合适的培养目标，设计制订严格的学生学习计划，尽可能让每一个人都能得到很好的发展。

二是努力培养学生的社会实践能力，加强实践教学。很多情况下实践和实验资源的不足会影响实践教学的水平。那么在资源不足的情况下，应该怎么做？可以利用计算机和网络编制软件，这个软件具有虚拟实验室的功能，学生可以模拟操作。如利用计算机软件在虚拟实验室中解剖青蛙（数码青蛙）等。虚拟实验室的优点是成本低，而且实验失败，方便重来，学生可以反复练习，直到熟练掌握；也可以模拟实验现场肉眼不可见或实验过程非常危险或实验环境确实难以建立的情况，来尽量满足实验的要求。

三是鼓励学生跨学科学习，培养全面型人才。当今社会，随着信息技术的发展，新的学科不断涌现，这些学科大部分是由不同学科交叉形成的。建立交叉学科培养机制，搭建学生跨学科背景。在高校中，要创建跨学科教学的培养机制，可以借鉴国外成功的跨学科教学经验。具体实现过程如下，以培养计划为基础，为学生选定必修课程，这些课程是跨学科的，包括文学、理学、工学等多个领域，以此来培养学生的综合分析能力，激发学生的创新能力。要设置多种专业、多类课程，配备多名教师供学生选择，这样学生就能根据个人兴趣制定自己的培养目标，从而进行自主学习。让学生跨部门、跨专业、跨班进行学习。高校应完善相关课程，抓住交叉学科的新的增长点，组织多学科的力量开展教学，配备必要的教师，形成跨学科的教学模式，培养学生的创新意识，引导学生将其用于探索新的领域，全面发展自己。

在学生培养方式改革的基础上，学生的管理模式也发生了很大变化。目前，大多数高校实行学分制，这是在计划经济时代就形成的管理模式，灵活性不够，刚性太强，共同约束力也较多。在当今信息技术背景下，对学生的管理，高校更加提倡注重学生个性化模式的发展。教师管理系统以学生为中心，学生为主导，教师为辅助，建立学生服务中心。具体操作有：一是建立心理咨询、急救救援、工作研究、学习指导机制，更好地为学生服务；二是以学生宿舍为基础，取消班级，由 8～15 名学生与教师形成一个整体；三是由研究生或高年级优秀学生协助管理学生，为学生提供指导。这种管理模式可以实现学生的自我教育、自我管理、自我服务，有利于培养学生的综合能力，推动学生积极发展。

三、加强课程教学管理改革

从某种意义上讲，课程比专业更重要，因为课程体现了专业。我们要给学生制作一桌丰盛的"宴席"，不只要开出一个好的"菜单"，而且每种"菜"都至少得是爽口的。

在信息时代，知识变得越来越重要。高校课程体系优劣可以从以下几个方面进行评估：一是课程体系的整合，对不同学科之间的课程研究越深入，整合程度越大；二是课程体系的完整性，课程越多，内容越丰富，体系越完整；三是课程体系的可持续发展，其指科学技术的变化和发展，遵循社会课程体系，能够及时自我调整和自我更新；四是课程体系的平衡结构，指层次结构和内部关系之间的配合度。根据这些指标，在优化课程体系时，应该注意以下几点。

首先，注重更新教学内容，教学内容要具有思想性、科学性、前沿性和创新性。课程内容要及时更新，可以将最新的科学研究成果引入课程，激发学生的学习兴趣，通过课堂教学和网络教学相结合的方式，积极开展网上教学。

其次，要重视跨学科课程建设，重视理工类和文学类学科的相互渗透，密切关注综合学科和交叉学科的创建。还应该注意到教材方面存在的问题。目前教材内容陈旧，利用率不高，新教材选择余地少。经过对教材展开的调查，我们发现 5 年前写的，在本科教育教学的比例占到 50%，在 3 年前编写的教材占30%，新教材占比小。为解决这一问题，高校教育管理者应制定相应政策，指导和支持新教材的建设与使用。在师资培训方面，应加强师资队伍建设。前哈佛大学校长科南特曾说："大学的荣誉不在于学校建筑的数量，但在其教师的质量。"

再次，要重视总结近年来课程体系改革和教学内容的成果与经验，并从中吸收有用的成分，积极扩展教学内容，进行教学改革。还应该增加课程的种类和数量。

最后，注重课程比例的合理设置。现如今高校基本都实行学分制管理，学生的课程分为必修课和选修课，且必修课和选修课有各自的比例。目前选修课的占比比较低，有待提高。同时也可以在必修课程中加入选课系统，将选课义务机制引入课堂，使义务范围扩大，如数学、物理、计算机应用、英语课程有不同的等级，学生可以根据专业方向和自己的兴趣选择相应的课程。

四、建立科学化和规范化的教学评价体系

教育评价中教学评价是至关重要的，教学评价需依据特定的教学目标于一定的教学系统中搜集信息、精确理解，再进行科学而全面的分析，从而使评价更客观，并使教学质量的提升有一个依托，也为改革提供一些凭据。教学评价具有重要的教学意义，它可以用来指导，也可以帮助决策，还能进行适当的反馈。基于提升教学的品质的目的，我国多数高校进行了教学改革，并主动进行了教学的评价。

依据高校教学的特点，教学评价的体系应当全面且多元化。对一个学校进行教学评价要有宏观的观点，对环境质量、办学水平以及专业人才进行全面的评价；对专业的学校和教学水平进行深入而全面的评价就是教学评价，主要应注意教学质量和办学特色；对综合素质进行一个微观状态下的过程的评价也是教学评价，而较为基础和重要的是高校教学的评估。此处说的是有关于课堂的教学评价。

依托现在的计算机和网络技术，使用软件对信息进行分析处理是现今通用的。还应有不同的评价标准，施行多元的评价。就学生而言，不同情况标准应不同，如学校、专业和年龄等。此为以下几个方面决定的。

第一，个别学生的多样性。个别学生差别甚大，不仅与先天遗传因素有关，后天的环境和教育因素也起作用，由于每个学生具有的独立意识和自己付出的努力不同，形成了独特的个体。

第二，不同来源的学生。在中国高等教育大众化这个过程中，社会上一些人进入学校，这个学生时期就不再一致了，对素质各异的学子的要求也是不同的。

第三，信息化所带来的信息获取途径的多样化。人类的教学信息的获取与交流已从重重力（Heavy Gravity）的报纸时代和重力（Mid-gravity）的广播

电视时代发展到零重力（Zero Gravity）的数字信息时代，人们可以自由地进行信息交流，就像宇航员在太空失重环境中身体可向任何一个方向移动一样容易。

第四，教学评价方法。现今，存在多种教学评价方法，像定性和定量评价、综合评价和专项评价、诊断性评价和总结性评价等。不管哪种评价方式，都应该特别关注几点：一是与固定时期的评价综合考虑；二是定性定量评价相结合；三是客观评价和自我评价相组合；四是与毕业考核联系起来；五是评价与评估的全面考虑；六是评价成果要与教学结果挂钩。

第三章　人工智能时代高校教育管理模式改革

高校的发展，与人工智能是分不开的，教育和人工智能有着密切的联系。有专家认为，随着深度学习、行为分析、计算智能等技术的逐步发展，人工智能技术才被运用到教学中，从最开始的使用计算机辅助教学，到现在的 MOOC 等在线教育平台，智能教学助手等与教学相融合。2017 年，国务院印发的《新一代人工智能发展规划的通知》中提到，要积极地发展智能化教育，将人工智能技术运用到教育中，以创新出新的人才培养模式和教学方法。

第一节　基于人工智能的高校教育管理模式改革

高校教育管理是教育事业有序发展的保障工作之一，对高校的知识教育、德育教育以及日常事务的有效衔接起重要作用。在人工智能背景下，传统的高校教育管理模式已经落后，无法很好地满足高校教育管理的现实需求，在一定程度上制约了高校教育事业的发展。

因此，各高校应该充分利用人工智能时代带来的技术变革，在高校教育管理中灵活地运用各种互联网技术，加快教育管理信息化平台的建设与发展，从多个角度入手对教育管理模式进行有效改革与创新，全面提升管理效果，促进高校教育事业稳定发展。

一、高校教育管理模式现状

高校必须充分重视教育管理模式的改革，迎合行业对人才的需要，不断革新教育管理理念，创新教育管理方法，建立健全当代大学生管理制度，在学科设置、专业结构调整、师资建设、教学方法创新等方面积极探索，做好现阶段高校教育管理供给侧结构性改革工作，为高校人才培养打下坚实的基础，从而解决高校教育管理工作中所存在的突出问题，进而满足社会发展对人才的需求。

（一）教育管理模式相对落后

教育的最终目的是教书与育人，在很多时候育人的重要性要优于教书。教育管理模式落后就使得教师在管理学生时往往有些力不从心，因为那些陈旧的管理方法已经不符合教育管理工作的实际需要。在人工智能时代下，社会环境变得越来越复杂，学生未来所面临的挑战也越来越多。高校大学生作为国家未来发展的栋梁，除了应该不断学习新知识来充实自己，同时还要提高自身各方面的能力，尤其是明辨是非和自我约束的能力。当代高校大学生身边充满了各种各样的不良诱惑，这就要求高校必须正确看待教育管理工作，把教育管理当成高校发展的重点，帮助学生养成良好的学习和生活习惯，引导学生树立正确的人生观、价值观、世界观。高校教育管理能够帮助学生发现问题、解决问题，让学生始终保持清醒的头脑，从而更健康地成长。

（二）教育管理制度有待完善

受高校扩招政策的影响，各大高校在招生数量方面有了很大的提升，这一方面为促进其发展奠定了基础；另一方面学生数量迅速上升也给教育管理工作带来很大的挑战，增加了管理工作的内容，增强了复杂性。一些高校没有考虑自身的实际情况，盲目扩大招生，却没有完善教育管理制度，给教育管理工作带来很大的困难。由于近些年来高校发展速度过快，而且高校的重心也都放在了开设新学院、新专业、新课程等方面，所以并没有意识到高校现有的教育管理制度存在着一些问题。高校教育管理制度已不能满足高校发展的需要，而高校又没有重视对教育管理制度的完善，所以归根结底还是对高校教育管理工作产生了非常大的影响，对高校今后的发展形成了阻碍。

（三）缺乏高质量的高校教育管理队伍

高校教育管理要通过对学生思想和观念上的教育帮助他们认识自己的责任和义务，提高他们的自觉性。当然，要想使高校教育管理工作达到这样的教育管理效果，就必须有高素质、专业的教育管理教师全程参与。所以，要想使高校教育管理工作步入正轨，除了要制定行之有效的教育管理制度以外，还要有高质量的教育管理队伍。

（四）教育管理内容缺乏创新

受传统计划经济的影响，高校习惯于按照国家的指示来组织教学，把高校教育管理当成行政管理，片面地认为高校管理就是对教师和学生的管理。受传统观念的影响，高校在进行教育管理时往往制订统一的教学计划，严格按照规定对教学进行管理，教学大纲和课程设置没有根据课程特点来制定，大多都是千篇一律的，无论是教材的选用，还是教学方法与评价方式，都是雷同的。传统的管理理念对教师和学生的管理具有强制性，忽视了教师和学生的个性特征和情感需求，不利于教师水平的提高和学生能力的培养。

二、人工智能时代高校教育管理模式改革的内容

（一）提升教师观念：以学生为主体

众所周知，教师是高校教育管理工作中最重要的群体，在教育管理过程中，教师对学生起着一定的指导和引领作用，所以我们要想对当前应用型高校教育管理模式有个良好的突破，就必须从教师群体入手，通过改变教师观念，达到对教育管理模式的创新。对于教师观念的提升要结合当前高校教育的实际开展，不能凭空想象也不能不切实际，尤其是教师团体，应保证自身的积极的引导作用，对于学生特别是学生干部有一个良好的培养和标杆作用。教师观念上的提升主要表现在注重学生人文关怀，着重考虑"以人为本"的教育管理方式。通过秉持"以人为本"的教育管理理念，着重培养学生工作者对于学生的管理人性化，满足学生的人文关怀需求，使学生在高校学习的过程中既能够达到知识层次的丰盈，又能够在内心及情感上完善自己的人格，树立正确的价值导向。

同时"以人为本"的教育管理理念在一定程度上也是对新课标提出的以学生为主体的概念上的契合。通过着重考虑学生的教育需求及发展需求，为学生建立学生工作者体系进行相应服务的提供，尤其是以学生为主体能够更好地着眼于学生的全面发展以及学校教育管理模式的创新，在对学生的考虑之后，才能在教育管理过程中增加学生的参与度，确保学生全面发展。这种以学生为主体的考虑，不仅仅是教师观念上的提升，还是应用型高校教育管理模式的创新的提升，只有注重人文关怀，秉持"以人为本"的教育管理理念，高校的教育机制和管理机制才能最大限度地达到契合，才能培养应用型高校人才。

（二）树立管理目标：在每个阶段有所作为

对于高校教育管理模式的创新研究，要有一个明确的目标，才能实现每一个阶段都有所作为。如在学期伊始，要有一个什么样的管理目标，在学期中期应该有什么样的目标，在学期末尾还要有什么样的成果，等等。这些都属于在应用型高校教育管理模式中的创新行为。高校应将以学生为主体作为教学阶段的基础目标，余下的每一个阶段都应该时刻秉持着这一理念进行相应目标的树

立。同时在各个阶段的目标树立上都应以为培养学生全面发展而树立，如在高校的教育管理阶段想要以培养学生德智体美全面发展为阶段性目标，在这一阶段我们对学生的教育管理就应该秉持着这一目标，通过在教育管理过程中，对学生能力进行分析研究得出全面发展路线。这种通过阶段性确立目标的高校教育管理模式能够真正做到将学生作为教育管理模式中的主体力量，并且通过阶段性任务的完成，进行教育管理目标的不断订正，从而达到在研究完善应用型高校教育管理模式的创新过程中不断贴合实际，促进学校教育管理模式对学生全面发展的作用，使高校教育管理模式能够真正走进生活、走近学生，并在每一阶段教育管理任务完成的同时做到阶段性的有所作为，真正达到其时效性。

（三）落实管理行动：确保学生全面发展

我们知道对于应用型高校教育管理模式的创新方面，最重要的就是要落实管理的行动。

如高校在提升了教师对于教育管理方面的观念之后，就应该趁热打铁，重视关于相应学生干部的管理以及学校骨干核心力量的培养，并通过这种良好的落实行为，使高校教育管理模式有个质的提高。提起教育管理，就一定要将培养看作最基础的部分，只有严格夯实教育基础，才能便于高校的教育管理。俗话说，行动养成习惯，习惯养成性格，性格决定命运。因此，对于学生的教育基础必须打好，只有一个夯实的基础，才能保证学生能够在学习生活中拥有良好的生活学习习惯，并通过这种良好习惯的养成和坚持产生对学习生活的影响。在教育管理过程中一定要落到实处，尤其是对于高校学生来说教育管理的习惯对于任何一个人来说都不是一朝一夕就能养成的，所以高校必须通过不断落实高校教育管理方案，通过对学生进行认真规范和公正评鉴，在班级内部以及学校内部建立良好的奖惩制度，并通过这种激励体制对学生教育管理方面进行督促和实施。高校教育管理工作是一门艺术，这意味着高校必须在这个过程中将管理行动做到最好，只有这样才能保障学生的学习生活并且通过这种教育管理制度进行课堂教学工作的监督，从而达到促进学生全面发展、确保学生全面发展的重要目标。

（四）转变高校教育管理思想

思想转变是教育管理模式改变的基础和最初推动力，只有管理思想随时代不断进步，才能确保教育管理模式由传统向现代的不断转变。首先，人工智能时代赋予高校教育管理人员更加宽广的自由创新范围，这不仅体现在管理者可以获取更大的创作创新空间，并且使得管理者可以在更宽领域的管理经验和方法中提取有利于高校素质教育发展的策略，从而提升自身的工作效率和管理水平，为教育管理模式的蜕变提供意识形态的支持；其次，人工智能时代还给高校领导及普通管理人员创设了更加轻松活跃的管理舆情环境，这使得学校整体可以以发展的眼光看待管理模式的变化，并且使得相关人员主动适应当下的信息化管理模式和要求，从而形成轻松活跃的创新氛围，对实现高校素质教育管理的科学化和规范化提供了环境保障。以上情况都对高校教育管理模式的创新提供了思想层面的支持，正是有了这种活跃的舆论思想环境，才会最终实现高校教育管理模式的创新发展。

（五）教育管理方法信息化

教育管理方法构成了高校教育管理模式的主体，只有科学运用信息化教育管理理念和手段才能不断推动高校素质化教育的发展进程。首先，教育管理方法的创新体现在打破了传统的固定化教学模式弊端，突破垂直化教育管理方式对高校整体管理的束缚。主张通过上下级的有效沟通和协调，共同制定教育管理的目标、内容和适用手段等，不断实现教育管理目标的具体化和可行性。其次，信息时代给教育管理方式带来最大的改变就是运用互联网大数据极大地丰富了教育管理方式的内容。利用网络系统创建高校信息化管理平台，科学合理地获取学生、教师以及各方面管理信息，并通过大数据系统对信息进行加工，不仅可以节约管理时间、提升管理效率，还可以实现管理质量的飞速提升。从另一种角度上，高校不仅是信息的拥有者并且也是信息的提供者。因此在转变高校教育管理模式这一层面上来说，各类信息资源对师生的开放也是其质量提升的有力保障。高效率的书籍借阅管理、学籍成绩管理以及选课系统的发展，都对高校常规管理的高效发展提供了保障。

第二节　基于人工智能的高校教育管理模式改革的必要性

近年来，我国已经全面进入互联网信息时代，互联网与计算机的普及十分迅速，给人们的工作及居家生活提供了便利条件，也带来了巨大的改变。信息传递渠道更多、速度更快、范围更广，成为互联网信息时代的特征。在此背景下，高校教育管理建设就成了高校全面发展的必要举措，同时也是为了响应互联网信息时代的发展要求，紧跟科技进步的步伐，从而不断提高高校教育管理整体水平，满足高校发展需求，为在校师生提供优质的管理服务。我国高校教育管理传统模式正在经历着重大改革与创新，计算机以及互联网技术的应用逐渐成为高校教育管理的主要手段，传统人工机械化管理逐渐被智能化管理替代，进一步提高了管理效率与质量。基于人工智能的高校教育管理模式改革的必要性如下。

（一）提高高校对教育管理工作的认识

国内高校必须意识到教育管理工作在自身发展过程中所起的作用，不能只想着扩大生源数量来提高发展竞争力。在信息时代背景下，高校生源质量要比数量更为重要。高校是一个特殊的教育环境，虽然不能奢求其把学生都培养成才，但是高校必须对社会负责、对学生负责，不能让学生忽视了他们应该承担的社会责任。教育管理就是要帮助学生认清自己的社会责任和历史使命，督促学生好好学习，让他们在人生的黄金时期不断地进行自我提升，为将来迎接各种挑战做好准备。

（二）加强高校教育管理师资队伍的建设

高校学生管理师资力量主要包括：院系专职学生管理工作的辅导员，一边正常教学、一边日常进行学生管理的两头活的教师。作为工作在第一线与学生朝夕相处的教师，不仅需要掌握管理工作的专业知识，还需不断提高自身修养，教师在学生中的表率和潜移默化作用在日常学生管理中仍占据着重要地位，因此优秀的教师团队是进行教育管理模式改革创新的重点。

教育管理并不是要给学生加上精神枷锁，而是要不断提醒学生，在学生即将"犯错"的时候为他们敲响警钟，使其能够迷途知返。改革教育管理模式首先要保证能够尊重学生的主体地位，既要让教育管理的权威性得到体现，同时还不能给学生太大的精神压力，从而保证学生身心健康成长。一方面，学校要提高教育管理人员的职业素养，加强对他们的培养培训；另一方面，学校还要对教育管理工作进行监督，确保相关工作能够有条不紊地进行。

（三）进一步规范高校教育管理制度

为适应当前的教育形势和社会需求，高校引进现代的科学管理制度，研究和学习国外高校的成功管理经验，建立合理规范同时层次分明、岗位职责明晰的管理体制，明确教师的管理职能范围，强化学生管理法制观念，保障学生的合法权益，贯彻平等原则，创建更利于学生成长的管理制度。教育改革对高校教师既是挑战也是机遇，掌握新时期大学生的特点并在教育体制的改革中创新学生管理方法，会极大地提高教师管理水平。

完善的教育管理制度是高校更好地进行教育管理工作的基础，也是学生更好成长的要求。在完善的教育管理制度过程中必须遵循几点原则：一是制度的内容不能与教育的初衷相悖，始终都要秉承依法办学、依法治校、教书育人的原则；二是教育要做到"以人为本"，把素质教育体现在教育管理的方方面面，确保学生的利益不受损害；三是教育管理人员要学会尊重学生，设身处地地为学生着想。在这个过程中，教育管理人员要充分利用好信息时代背景下的优势，借鉴其他学校的教育管理制度，取其精华去其糟粕，有选择地汲取营养，从而不断完善自身的教育管理制度。

（四）采取开放的态度对待学生的自我发展意识

大学生自身发展的特点及社会文化的发展，要求在学生管理中尊重学生，尊重大学阶段初步形成的自我意识、自我判断。高校学生管理工作的目的是引导和培养大学生成才，只有倾听学生的心声、尊重学生的意见观点，才能了解学生所需、掌握学生心理动态，及时起到引导作用。

尊重学生需要教师深入了解大学生的心理特点，大学生是具有一定世界观和价值观的社会群体，具有独立判断事物的能力，也具有为自我行为负责的能力和义务，因此教师应正确看待大学生日渐成熟的个人能力，欣赏并尊重他们特有的处事风格而非挑剔与指责。大学生思想活跃、精力旺盛，凡事具有冒险精神，处于萌发新观点、创造新事物、开创新局面的最好年龄。尊重学生、尊重学生的观点、尊重学生的行为才是正确引导其成长的前提。

（五）培养大学生的民主意识，重视学生的自主管理

大学生是独立承担法律责任、履行法律义务的成年人，应给予成年人的平等对话，行政命令的方式已不适应现阶段管理，民主的交流探讨和教师以身作则的示范教导能够更加有效地起到引导和培养成才的作用。

在信息化的社会中，获取知识和信息的方式多样且便捷，在一定程度上降低了教师教授知识的权威性。社会经济的高速发展带来文化的频繁交流，外来文化对本民族价值观的冲击在所难免，特别是对价值观仍在逐渐形成中的大学生，因此急需创建一个平等对话平台，通过民主的方式重建教师的权威性。通过平台，学生更乐于展现自我，也为教师提供了发现问题、逐步引导的机会，帮助学生建立正确的价值观。

培养大学生的自主意识，增强自主学习及生活能力，充分利用学生干部的

带头作用，做到学生的自我管理，遇到问题自我解决，逐步减少学生对家庭、学校的依赖心理，挖掘大学生自我潜能，在自我意识的形成过程中锻炼和提高各方面能力，培养德智体美劳全面发展的新时期大学生。

高校教育管理效果的好坏在一定程度上决定了高校教育事业发展的顺利与否，因此必须不断推陈出新，对现有的高校教育管理模式进行深入分析与问题总结，积极引入先进的管理理念与系统模式，建设出符合本校教育事业发展的信息化管理平台，满足高校教育事业发展需求。高校教育管理是一项复杂、综合性的事务，涉及在校学生以及教职人员等，管理人数基数庞大，并且层次复杂，再加上高校各部门管理制度的创新与调整，会产生庞大的信息数据，传统的人工机械式管理模式工作效率已不能满足教育管理工作的顺利开展。

高校教育管理与每个在校大学生的切身利益息息相关，所以在很大程度上学生都不能像一个旁观者那样看待教育管理，因为他们不仅是被管理的对象，同时还是教育管理的监督者，当教育管理不符合要求时学生要及时反馈给学校，为提高教育管理质量做出贡献。一般来讲，由于教育管理工作涉及学生学习和生活的方方面面，所以辅导员或班主任在教育管理工作中起到了非常关键的作用。与其他任课教师相比，学生与辅导员或班主任的交流更频繁，所以辅导员或班主任在保障教育管理工作有效性方面也发挥着重要作用。总而言之，如果高校想在信息时代背景下推动自身发展，就必须将更多的时间和精力投入教育管理工作，让高效的教育管理工作为高校发展保驾护航。

第三节　基于人工智能的高校教育管理模式改革的基本途径

高校作为人才培养的重要场所，在推动我国教育教学发展过程中起到了无可替代的作用。教育管理是促进高校健康发展的基本保障，也是确保教学质量的重要基础。我国正处于经济发展的关键时期，建设"一流高校、一流学科"不仅为高校未来发展带来了难得的机遇，同时也对当前高校教育管理工作提出了新的要求。高校环境比较复杂，而广大的学生群体又来自五湖四海，他们的教育背景、家庭背景、性格思想等方面都存在很大的差异，这无疑增加了高校教育管理工作的复杂性和难度。但不可否认的是，在信息时代背景下，高校的健康发展必须有完善的教育管理模式作为基础，从而为做好教育管理工作指明方向。

一、加快校园教育管理信息化平台建设

现如今，在人工智能高速发展的推动下，高校教育管理模式也出现了很大的变化，模式改革与创新是高校教育事业发展的必然趋势，也成为各个高校教育事业发展的首要任务，获得了广泛的关注与重视。因此，各高校为了积极响应人工智能时代的发展要求，全都开始整合学校教育管理资源，加快校园教育管理信息化平台建设，建设满足自身教育管理工作发展的安全、可靠、高效、稳定的管理系统，同时结合了多种先进的计算机和互联网技术，在高校教育管理中起着非常重要的作用。校园教育管理信息化平台可以将在校师生以及管理人员有效联系起来，通过校园内部网络形成一张全面覆盖的局域网，学生、教师可以通过登录教育管理部门信息化平台进行访问，以此获得实时的信息和数据。该平台为在校师生提供了完整的信息查询以及管理服务，满足了他们的学习需求以及教学需求。

二、组建高信息素养的教育管理团队

高校教育管理模式的改革与创新，除了要有良好的硬件环境作为管理工作创新的基础以外，还必须配备良好的软件环境进行必要的支持，以此保证高校教育管理模式的有效改革和创新，提高整体管理效率与质量。

基于此，在高校教育管理模式创新与改革的过程中，要集中力量、整合现有的师资资源，组建一支具有高信息素养的教育管理团队，负责日常大量信息的处置工作，确保高校教育管理工作的顺利开展。首先，高校需要在人才招聘上引进具有良好信息素养的技术人才，对现有的教育管理团队进行人才充实，提高教育管理的信息化水平；其次，高校需要对现有的管理人员进行信息素养以及信息技术的培训，通过专业化的专项培训切实提高在职人员的信息技术水平以及处理能力，使得彼此之间更好地配合工作，促进教育管理工作的持续发展与进步。

三、完善教育管理制度，强化管理力度

传统的教育管理模式已经无法满足人工智能时代的发展需求，对高校教育事业的发展也造成了一定的阻碍。所以，为了保证高校教育事业的持续发展，必须基于人工智能背景对现有的教育管理模式进行有效改革与创新，首要任务就是要完善教育管理制度，强化管理力度，以此确保高校教育管理模式的快速

改革与创新，顺应时代发展趋势，满足高校教育管理需求。

高校需要从自身教育管理实际出发，制定出一套符合自己管理要求的全方位的教育管理制度，提高教育管理部门的工作效率，约束管理人员的工作行为，为学生管理、学校事务管理提供方便，同时加强学生与管理人员之间的有效交流与沟通。另外，教育管理制度的完善可以对教育管理的每一个改革与创新设想进行规范，促成教育管理目标的实现。

四、采用多元化的教育管理方法

高校教育管理模式的改革与创新，一方面要在管理硬件上加大投入，尽快建设教育管理信息化平台，提高管理效率。另一方面则要在软件上下功夫，除了加强人才引进以及培训以外，还应该注重多元化教育管理方法的合理选择与灵活应用。首先，要积极引入先进的教育管理方法，摒弃传统的教育管理方法，改善管理者和被管理者之间的交流不畅问题，将两者结合在一起，形成一个现代化、实用化的管理方法，促进两者有效沟通，使得教育管理可操作性得到提升；其次，高校教育管理模式的改革与创新要充分利用互联网技术，促使学生、教师、管理人员全部参与到教育管理工作中，提出合理化建议，实时交流与沟通，使得高校教育管理整体效果获得很好的提升，确保教育管理工作顺利开展，得到全体在校师生的认可和支持。

五、强调管理反馈，及时发现管理问题

高校教育管理模式的改革与创新不是一朝一夕可以完成的工作，而是一项长期工程，要求高校教育管理人员在日常的工作中不断积累经验，发现问题并解决问题，以此不断完善教育管理模式，提高教育管理效率与质量。

在此过程中，高校教育管理就需要强调管理反馈，要利用好教育管理信息化平台信息共享以及实时传递的优势，了解在校师生对教育管理工作存在的意见和看法，同时提出自己对教育管理工作的创新点和优化点，并且接受全体师生的评价和集中讨论，从中选出适当的创新点予以实现，不断充实教育管理模式内容，创新管理方式，推动高校教育管理工作的持续进步与发展，保持持续的改革与创新动力，跟随时代进步而发展。

第四章　人工智能时代的高校信息化教学

随着人工智能技术的迅速发展和教育实际的现实需要，教育与人工智能之间的深度融合诞生了教育人工智能，为高校教育教学带来了重大变革。教育人工智能如何促进教育信息化以带动教育现代化的深入发展，如何在教育中运用好人工智能来促进高校教育教学和新一代智能信息技术的深度融合，共同促进教育现代化 2035 计划，成为研究的重要议题，因此研究在人工智能背景下对高等教育的信息化教学模式进行重新构建具有重要的理论意义和现实意义。

第一节　基于人工智能视角的高校信息化教学模式构建

教与学的发生不仅仅是知识的传授过程，更应该是一个学习系统，包括学习者、教师、教学资源、教学活动以及支持教学开展的教学环境。相比于传统教学，人工智能时代学习系统中的各个部分都面临着巨大的变革，技术支持对学习者行为数据进行深度分析，教师借助分析结果，制定个性化的学习指导策略。教师开展智慧教学和自适应性测试评价，减少重复性工作，更好地为学习者提供个性化服务；教师根据评价结果提供学习反思，帮助学习者反思总结自己的学习，更好地培养自主学习能力。总之，人工智能在教育中的融合应用，在提升学习者学习兴趣和学习效果的同时，帮助教师及时发现教与学中的不足，并针对学习者进行个性化指导。基于此，从构建学习者特征分析模型出发，进而重新构建高校信息化教学模式。

一、我国高校信息化教学的现状

信息化教学在高校中并不是新鲜事物，从我国引入电化教育以来，高校一直在努力尝试如何将技术融入教育教学之中。有关信息化教学的学术研究可谓硕果累累，各类新名词层出不穷。但是，高校信息化教学实践一直受到教育教学理论（理念）和信息技术发展的双重制约，加上一线教师教学理念的更新和信息技术教学应用适应性的建立需要一定的过程，使得高校的信息化教学实践并没有呈现出像学术研究那样的繁荣景象。

（一）多媒体教学已然常态化，但应用水平亟待提升

多媒体教学是高校信息化教学的重要组成部分，是高校信息化教学发展最直接、效果体现最快捷的方式。目前，多媒体教学设备几乎装备到高校的每一个公共教室，成为当今教师课堂教学最普及最基本的教学设备。研究显示，多媒体教室在高校已基本普及，全国高校多媒体教室的使用率为83.9%，高校多媒体辅助教学的课程占比平均均值为70.3%。这说明我国高校多媒体教学环境基本建成，多媒体（辅助）教学已成常态。但是我们也不难发现，相当部分多媒体教学只是停留在播放PPT课件的较低层次，甚至有些PPT课件纯粹是课本的翻版，没有进行教学设计，也不考虑学生学习风格和认知负荷等问题。这种现象直接反映出教师对多媒体教学认识不到位、多媒体应用技能不过关、课件制作和资源开发不达标等问题，同时也折射出高校多媒体教学监管不到位、信息化教学评价体系不健全等问题。因此，配套相关制度，进一步完善多媒体教学环境，尤其是提升多媒体教学设计与应用水平将是未来高校教学改革的重点之一。

（二）在线教学处于快速发展期，呼唤高校制度建设

在线教学泛指基于互联网开展的有组织、有计划、较为系统的教育教学活动，也称作网络教学。在线教学在高校已有十多年的发展历程，目前，基本上每所211院校、90%以上的一般本科院校以及80%以上的高职高专院校都已经有了课程教学平台或正准备安装课程教学平台。这充分说明了高校对网络教学的基本认同。2013年MOOC以不可阻挡之势开始在国内风行，清华大学、上海交通大学等著名高校自主开发了MOOC平台，并吸纳其他知名大学加入。东西部高校课程共享联盟、爱课程网等各级各类MOOC教学组织异军突起，普通高校也积极响应并选择加入。各省各高校都建设有数量可观的精品课程和精品视频公开课，为开展在线教学提供了基本的资源保障。另外，云计算、大数据、移动互联等先进信息技术的不断成熟与创新，使得翻转课堂、微课程、混合学习等新兴教学模式不断涌现，有力地推动了高校在线教学理念的更新与实践探索。在线教学正处于快速发展期，虽然高校有十多年的网络教学实践经验，但在信息化教学资源建设和发展诉求方面，仍然暴露出许多亟待解决的问题。例如，在线课程学习实施效果如何评价；校际（联盟）课程如何落地实施，学分如何转换；知识产权如何保护；师资如何配备，不同角色教师绩效如何考

核并给予激励；精品课程和精品视频公开课等资源如何应用于高校教学；等等。如果此类问题不能从政策和制度层面得到有效解决，在线教学将会一直被边缘化在"正统教学"之外，不可能真正发挥出在线教学的强大优势。

（三）信息化非正式学习处于尝试阶段，校本研究有待加强

从学习方式来看，高校的信息化非正式学习主要是指在线学习（如论坛、专题网站、博客、播客等）和移动学习（如微博、微信、课程 App 等）。从技术角度来讲，Wi-Fi 和 4G/5G 等移动互联网是实现高校非正式学习的主要路径。然而，尽管网络上充斥着各种论坛专题网站、博客等学习资源，微博、微信、App 等也被广泛使用，但这些资源被真正纳入高校教学的并不多见。国内高校的非正式学习还处于尝试阶段，只有个别学校开放了有限的课程 App，如华南师范大学网络教育学院开发的"现代教育技术"、浙江大学开发的"管理学"、北京大学开发的"行政管理学"等课程。这些课程多以精品课程的配套教材为蓝本，穿插重难点、微视频讲解，配套笔记、测验、扩展资源、数据同步等功能模块，可以通过平板电脑和手机等移动终端进行自主学习，是国内移动学习资源设计的典型代表，为高校信息化非正式学习发展做出了有益的尝试。尽管如此，与高等教育数以万计的课程需求相比，这些移动学习资源依然微不足道。有研究表明，非正式学习占个体所学知识的 75% 以上，而人们对它的关注和投入却不到 2%。课堂时间是有限的，将无法满足学生持续增长的学习诉求，信息化非正式学习必将在高校教学中占据重要位置，高校如何将信息化非正式学习嵌入人才培养的全过程中，这亟须加强研究并进行实践探索。

二、高校信息化教学的发展趋势

（一）从注重信息化教学环境建设转向内涵式发展

高校在过去数十年的教育信息化进程中，主要把精力集中在建设网络基础设施、数字化校园、多媒体教室、数字化实验室、网络教学平台以及数字化教学资源等方面，实质上是致力于信息化教学环境的建设，而对信息化教学如何切实提高教育教学质量并没有给予充分关注和深入研究。从新事物生成到逐渐成熟的发展规律来讲，这种发展过程具有一定的合理性，但也存在较大的不足。发展过程中形成的"重硬轻软、重教轻学、重形式轻质量"的现象也是饱受诟病。如何实现信息技术与教育教学的深度融合不仅成为学术研究的热点，也成为高校教育教学实践的重点。深度融合的本质要求是以提升教学质量为核心的内涵

式发展。内涵式发展是以事物的内部因素作为动力和资源的发展模式，表现为事物内在属性的发展，如结构协调、要素优化、质量提升、水平提高、实力增强等。因此，以创新体制机制为切入点，转变信息化教学理念，加强教师信息化教学能力，提升资源开发和应用水平，激发信息化教学活力，最终有效提升教学质量的内涵式发展，是高校信息化教学科学发展、合理发展和长远发展的必由之路。

（二）从教学过程的技术性改造转向结构性变革

受工具观的影响，以往的信息化教学基本上是在传统教学过程的各个环节中加入技术化元素，将纸质课本数字化后上传网络，用投影等多媒体设备展示教材内容等，教学实质上依然是"填鸭灌输式"的教学。经过多年的信息化教学实践，不难发现这种教学过程的技术性改造并没有实实在在地提高教学质量。信息技术的应用往往局限于发挥其作为资源存储和知识传递的载体功能，尚未触及学习过程的实质性改变。何克抗教授指出："信息技术应用于教育、教学过程，若不紧紧抓住改变传统课堂教学结构和建构新型课堂教学结构这个中心，是不会有成效的，是要付出代价的，更不可能对教育发展产生革命性影响。"结构性变革包含两层含义：一是课堂教学结构的变革，是将传统的以教师为中心的灌输式教学结构转变为信息技术支持下的"以教师为主导，以学生为主体"的教学结构；二是为适应教学结构的变革而引发的服务教学的组织架构和业务流程的变革。课堂教学结构的变革是结构性变革的核心，组织结构和业务流程的变革则是教学结构变革的基本要求。

（三）从学习需求适应教学转向教学满足学习诉求

以往高校教学的做法是规定好大学生四年内必须学习的课程，这些课程按照一定的顺序分布在各学期实施。每门课程都有严格的教学标准，要学习哪些内容也被事先规定下来。授课教师无法准确地发现学生的学习状况，完全依赖经验判断，即便发现了某个学生学习的薄弱环节，也很难给予个别化辅导。这实际上在无形中"迫使"学生及其学习需求适应教学规定和状况，压制了学习自由和个性化探索，最终形成作坊式批量生产学生的现实困境。然而，每个学生都是独立的个体，都拥有自己的价值观和发展需求，教学应当能够挖掘并满足每一个学生的学习诉求。满足学生的学习需求，要能够准确记录并合理分析学习行为，从中提炼出学生个性化学习需求及薄弱环节并智能推送。针对性的学习资源，也要能够激发学生自主学习的潜在动力。云计算、传感技术、物联网以及大数据的出现为这种转变提供了可能，业界相关研究人员和教育教学软件开发企业都在竭力探索相关技术的实现路径。随着教育数据挖掘和大数据学习行为分析等新型信息技术的不断成熟，高校教学必然能够充分解放学生与生俱来的学习能力和天分，满足学生的学习诉求。

（四）从教育教学服务本校学生转向兼顾服务社会大众

信息技术的不断发展和成熟，不仅拓展了高校行使职能的路径，也为构筑"学校—家庭—社会"的协同教育系统提供了可能。例如，MOOC 的诞生打破了人们固有的教育教学以及本校学生的狭隘观念，将教学对象面向全社会甚至面向全世界，大大拓展了高校教书育人、文化传承和服务社会的深度与广度。从培养本校学生的角度而言，将逐渐形成以信息化教学为核心的信息技术支持下的协同教育系统，充分发挥"学校—家庭—社会"共同育人的强大合力；从行使高校职能的角度来讲，高校教育教学将面向社会大众，有必要向社会开放课程教学资源，为社会大众提供知识资源和智力支持，同时也接受社会的监督和检验，实际上这也是高校行使职能的基本方式。同时，通过信息化途径向社会大众提供知识资源和智力支持，教育教学从服务本校学生转向兼顾服务社会大众，这不仅是建设终生学习体系的基本途径，也是构建学习型社会的内在要求。

三、高校信息化教学现存的问题

信息化教学促进教学方式从先教育后学习转向先学习后教育、从标准化教学转向精准化教学、从传统的学习方式转向个性化的智能学习方式、从知识传授转向实践创新，从而促进教与学过程的深度融合及创新发展。信息化教学模式指在信息技术学习环境的帮助下进行教学活动的教学组织形式。从已有的高校信息化教学研究和实践出发，对其现存的主要问题进行深入分析与阐述。

（一）信息化教学缺乏有效性

在教学中，教师运用信息技术进行的教学活动与传统教学相比缺乏有效性。一方面，教师更多的只是将其用作演示工具，没有充分利用信息技术实现教学过程的师生交互，没有调动学习者的学习积极性；另一方面，教师过度强调使用新的技术，在使用信息技术进行教学时不考虑真实情景的教学目标和学习者需要，出现信息技术应用与教学实际脱轨、未很好发挥技术优势解决好教育教学问题等现象。此外，教师教学的过程是教学目标实现的过程，因此教师应该充分考虑教学目标和技术应用的情境，切实利用好信息技术进行信息化教学，提高教学的有效性。

（二）教育评价体系不完善

虽然近年来不断深化改革创新，但就智能技术具备的巨大潜力而言，仍存在评价体系不完善、评价形式单一等问题。评价体系不完善体现在未能充分收集、分析学习者的学习数据，对学习者的学习情况进行全方位的跟踪和辅导不足，仅将测试结果作为学习结果，对教师的教学未产生很大影响；评价形式过于单一，只依据测试题或学习者作品进行教师评价、同伴评价和自我评价，而未以分值量化、语言点评和过程记录等评价形式结合形成综合学习评价报告。

四、高校信息化教学模式构建

在教学过程中，借助人工智能技术帮助教师实现个性化教学、自动化管理、在线测试评价，使用学习者特征分析模型发现学习者特征，根据学习者特征提供个性化的学习任务单和教学资源，在线学习过程中教师不需要过多参与学习者的自由学习，学习者学习结束后反馈给教师学习问题，在学习结束后参与在线测试，教师根据测试结果提供个性化的干预和学习反馈。

课前，教师通过分析教学需求和教学内容确定合适的教学目标，根据采集到的学习者个体特征类型数据等确定学习者特征，编制个性化的学习任务单，利用定制和推荐相结合的方式为学习者提供不同的学习资源。使用引导的方式激发学习者的学习兴趣、学习动机向认知内驱力转变，促进学习者进行自主学习和知识内化。学习者研读学习任务单，使用智能化推荐的教学资源进行学习，完成学习任务单的各项学习任务并参加课前测试；学生根据测试结果选择是否补充学习资源进行学习。在线学习应通过教育人工智能技术挖掘和评估课程内容的结构性以及学生学习的有效性，从而发现学习问题。

课中，教师首先根据课前学习者的学习情况创设教学情景，帮助学生解决学习中的问题；其次通过教育人工智能技术完成学习者的分组，在小组学习过程中，为学习小组智能化提供学习资源，学生也可以从其他渠道获取学习资源，引导学习小组讨论交流总结学习；最后学习小组之间进行成果展示，汇报作品。在教育人工智能支撑下的信息化教学过程中，教学能够更好地实现"主导-主体"的双主教学模式并发挥出双主教学模式的独特优势，教师作为整个教与学活动中的引领者、助学者、导学者和组织者，根据学习者学习情况及时给予反馈和个性化的辅导，按照教学目标和个性化的学习目标进行教育教学，组织学习者更好地参与课堂教学活动，并在活动中通过智能化的推荐帮助学习者完成教学活动。学习者是整个教与学过程的重要参与者和主体，在教育人工智能支持下的智能化教学环境中进行个性化的学习，完全参与到教学过程中，利用适应性的教学资源和针对性辅导对教学内容进行更好的内化吸收，学习者的学习情况能够对课堂教学产生反馈，从而使课堂教学更加灵活多变。

课后，利用教育人工智能记录并分析所得到的整个教学过程的有效数据，对整个教学过程进行反思评价，并且及时将结果反馈给师生双方，促进教学活动建设。教育人工智能技术收集学生在课前、课中、课后学习的整个过程中产生的数据，为教师的教学和学生的学习提供精准的评估，以便于教师对整个教学过程进行评价、提供合适的学习反馈干预，并为下一次教学和学习者分析提供参考；分析学生学习过程中产生的各种过程性数据，能够发挥技术自身的优势，切入教育教学问题所在，帮助教师更好地评估学习者的学习过程并预测学习者未来的学业表现，发现学习者知识内化过程中的潜在问题，帮助教师反思教学活动，进而对学习者的薄弱环节做出针对性补充教学和辅导。

第二节　基于人工智能视角的高校教学模式变革

当机遇和危机并存时，高校应充分发挥自己的优势，使用人工智能技术创新教学管理模式，提升教学质量。将人工智能融入教学管理中，可以优化教学工具、提高教学效率，最终提升教学质量，培养出更多符合市场需求的优秀人才。

下面从人工智能改变教学工具、改变教与学的方式、改变教学评价方式、改变教学管理工作四个方面来讲述。人工智能改变了传统的教学管理模式，提升了教学质量，提升了学生的综合素质，使他们能够更加符合就业市场的需求，找到优质的工作。

一、人工智能改变教学工具

（一）智能化教学平台

伴随着人工智能技术的快速发展，将其运用到教育中成为现实，紧接着许多开放的、智能化的教学平台不断出现，如红杉树、雨课堂、腾讯云等，它们的主要功能和特点见表4-1。为了推进教学模式的创新，改变现有的教学手段，提升教学质量，智能教学平台被越来越多的学校使用，这些平台可以化解传统课堂中学生不抬头、不愿意互动等问题，得到教师和学生的高度认可。

表 4-1　智能教学平台

名称	功能介绍	主要特点
红杉树智能英语	以记忆引擎技术为核心，由单词王、语法通、抢分王三大模块组成的智能化英语学习平台	立足听、说、读、写、译多维度综合训练，囊括全国所有中小学英语教材，是实现学生智能化、个性化学习的平台
雨课堂	智慧教学工具	教师可以将带有 MOOC 视频、习题、语音的课前预习课件推送到学生手机，师生沟通及时反馈，课堂上实时答题、弹幕互动
腾讯云	教学辅助、考试测评	为教师提供丰富的教学手段，通过人工智能教育技术判断教学质量，使教学更具针对性，学习效率提升促进教学质量的提升；通过文字识别功能，识别试卷以及学生作业文本，实现智能阅卷与作业批改；通过人工智能教育技术深度学习，利用计算机自动对发音水平进行评价、纠错

智能化教学平台是通过人工智能的学习分析、数据挖掘、人脸识别等技术对学习者所学的内容进行分析，构造出相应的知识网络图，可以为学生提供个性化的需求、符合学习习惯的学习方案和学习内容。

（1）智能化教学平台的技术支持

智能化教学平台是使用自适应、大数据、云计算等技术作为技术支持，实现教师、学生及家长的全面连接。

①自适应技术。随着自适应技术的成熟，其渐渐发展成为成熟的、有效的智能学习技术。自适应技术可以根据学生的学习情况，对学生进行智能化测评，运用知识空间理论，根据知识的难易程度进行区分，为学生提供最优学习路径，精细化地配备学习资源，从而提高学习效率。

②大数据技术。在传统的学习过程中，只是听、写、记录，没有办法全面了解学习状态。大数据技术可以将学生整个学习过程中产生的全部数据进行记录，可以将学习情况通过智能化的分析，以统计表或分析图的形式展示给学生，学生可以根据结果进行查漏补缺，教师也可以根据这些分析，对学生试行个性化的教学，更可以对学生的学习行为进行深度分析，对学习情况进行监控，从而适当地调整教学过程、干预学生的学习行为。

③云计算技术。通过云计算技术，可以将大量的学习资源、授课资源、图书资料、优质的视频资源等在云端实现共享，使云端成为拥有强大计算功能、海量资源的智能化教学平台。学生可以通过互联网从云端获取学习资源和服务，并可以将学习数据进行记录与存储，并对学习者的学习行为进行分析。

（2）智能化教学平台的运用

我们的传统教育，都是统一化的学习进程，教师也是进行统一化测评和练习。所以传统教育只能根据大部分学生的进度而制定。而使用智能化教学平台，可以从各个环节提高效率，使教学过程更加流畅，使教学互动更加深入，从而提升教学效果。

现在一些高校开始使用超星学习通智能学习平台。上课前教师可以通过超星学习通组建课程组，将全部学生纳入课程组中；教师可以在备课时将授课计划、与课程有关的资料等上传至学习通中，让学生提前对课程有一个大致的了解，督促他们提前对课程进行预习；教师也可以通过学习通查阅资料，帮助自己完成备课。上课时，教师可以通过学习通进行点名，发出问题，让学生进行分组讨论。课后，教师可通过学习通发布作业，学生将作业上传，教师在线批改，并可以将做错比较多的内容上传至错题集中，方便学生进行查漏补缺。最后学生可以在学习记录中查询自己的学习情况，以便对自己的学习过程有一个清晰的认识。

（二）智能化机器人

智能化机器人可以用来培养学生的分析能力、创新能力，同时增强学生的实践能力。

教学机器人运用的关键技术有：仿生学技术、语音识别技术、自然语言理解技术、人脸识别技术等，人们希望这些机器人能够像"真人"一样思维、表达和互动，从而可以减轻教师的负担、提高教学效率，让学生学习更加便捷、科学，从而提高教学质量。教学机器人应具备自主性、交互友好性等特征。

日本科学家在2009年推出了世界上首个教学机器人"Saya"，它会多国语言，还可以与学生进行互动，回答学生的提问，而且可以进行点名、朗诵、布置作业等基本的教学工作。

（1）智能教学机器人的基本架构

智能教学机器人的基本架构主要包括以下模块。

①机器人核心和运行框架模块。其包括通信控制模块、服务接口模块、交互业务逻辑及二次开发框架等组成部分。该模块主要负责实现终端与后端服务引擎的通信接口服务，包括学习者与机器人系统的前端交互、响应调度、负载平衡等。

②智能服务引擎模块。智能服务引擎是自然语言处理和集成专业处理引擎的平台，包括服务控制接口、分词标注引擎、语义分析引擎、聊天对话引擎、场景处理模块、答案处理模块和知识索引管理等。智能服务引擎相当于机器人的"大脑"，是机器人实现智能的关键，它的智能性、精准度、并发性能等都会对系统产生关键影响。

③统一管理平台模块。通过智能服务引擎提供的应用程序接口（API），对机器人进行统一管理和维护，包括系统管理、运维管理、语音管理、渠道管理、服务管理和知识管理。

（2）智能教学机器人在实践中的问题

智能教学机器人可以作为新的教学工具，为教学提供丰富的资源，推动教学应用的创新，从而促使教学管理的创新，有助于增强学生学习的乐趣，提高他们实习实践的能力，从而提高他们的综合素质。目前，智能教学机器人的应用还处于摸索时期，如科大讯飞研发出了一款用于学校教学的教学机器人。

由于智能教学机器人的价格比较高，在学校配备需要很多的资金支持，而且智能机器人用于教学需要专业的教学设计，目前教学机器人的设计研发等还需要技术上的再突破。但是这是一个未来的趋势，高校要抓住热点提升自己的教学体验和教学质量。

二、人工智能改变教与学的方式

人工智能在教师教学时，可以帮助教师完成备课，在授课时辅助教学，在课后可以辅助进行答疑等，促进课堂教学智能化，使授课更加精准化、学习个性化。在学生学习时，人工智能可以帮助学生完成预习、课前练习、课堂和课后的深度学习等，帮助学生对学习内容有深度的认识，改变学习方式，提高学习效率和体验。

（一）智能化教学

1. 教学发展的过程

随着科学与信息技术的发展，教学方式也在不停地改变。因此，根据教学工具的改变，可以将教学的发展分为传统教学、电化教学、数字化教学和智能化教学四个阶段，如图 4-1 所示。

智能化教学
人工智能、大数据、
云计算

数字化教学
计算机、互联网、
移动终端

电化教学
幻灯、电视、电影、
录音、录像、广播

传统教学
黑板、粉笔、
挂图

图 4-1　教学发展历程

传统的教学采用以教师为主导的授课方式，一般使用粉笔、黑板、PPT 等教学工具，课堂的形式比较单一，主要是教师在讲台上讲，学生在下面听并记笔记，只要求将知识传授给学生，学生始终处于被动、服从的地位，这种方式忽略了学生教学质量也很受影响。随着计算机、互联网的快速发展，教学模式要逐步进行改变，以教师为主体的观念改变为以学生为主体，重新定位师生地位。

2. 教学主体的变化

在传统的教学环境下，由于没有人工智能、大数据等技术的支持，教学资料的查询比较困难，教师一般都是根据自己的经验进行授课，很难做到个性化的教学。人工智能融入教学，使传统的以教学和学生为主的二元教学主体，变成了从智能机器、教师、学生为主的三元教学主体，如图 4-2 所示，有助于提升教学质量，促进创新型人才的培养。

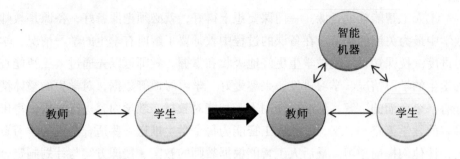

图 4-2 教学主体的变化

3. 智能化教学模式设计

从课前、课中到课后，智能化教学相比传统教学，在各个环节上都更加高效。围绕人工智能发展带来的变化构建智能化教学模式，如图 4-3 所示。

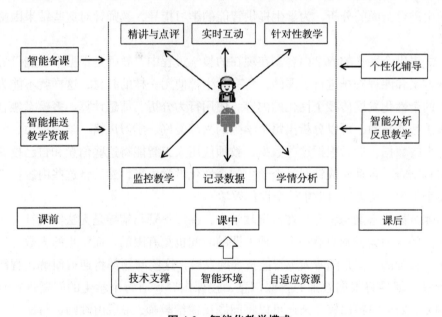

图 4-3 智能化教学模式

将人工智能应用到教学中，可以帮助教师备课，丰富授课内容，便于教师进行精准化教学，方便教师对学生的课后答疑与辅导，这将大幅度减轻教师的负担，提高教学效率。

①人工智能辅助备课。一门课要想上得好，就必须把课备好，备课是教师教学中最为关键的环节。在备课的过程中教师要了解所有学生的学习情况、学习进度，授课知识才能被学生更好地吸收和掌握。教师可以先通过人工智能查阅学生的学习情况、学习进度、兴趣爱好、学习习惯等数据，对学生的整体情况有一个全面的了解，然后再使用人工智能对教材、教学内容进行分析，得出最好的教学策略和方案，并让人工智能为每个学生推送一些适合个人的学习资料，让他们提前预习。最后人工智能根据教师的教案、授课方案与计划制定合适的课堂作业。

②精准教学。精准教学是指教师严格按照教学目标有针对性地培养使学生可以学以致用的知识，可以看出精准教学是因材施教的升级版。在现在的教学环境下，没有关键的技术很难实现精准教学，教师往往根据自己多年的教学经验进行教学。大数据、人工智能等技术的出现，成为精准教学的技术支撑。我们可以借助人脸识别、大数据分析、行为分析、数据挖掘等人工智能技术，对学生进行全面的分析，为学生提供智能的学习指导，教师针对这些结果因材施教。

③提供个性化的教学内容。在现在的教学过程中，教师是根据学校制订的培养方案和课程安排进行上课的，所有学生都使用一样的教材，这样就不能为学生的个性化发展传授个性化的内容。使用行为分析、情感计算、多模态融合等人工智能技术，可以分析出每个学生的兴趣爱好、学习风格、学习能力、学习习惯等数据，然后根据这些数据，教师使用人工智能将这些信息和自己授课策略相结合，自动生成针对每个学生的个性化教学内容，然后将这些内容推送给每个学生，实现针对学生的个性化教学。

④智能化答疑与辅导。在传统教学中，课后答疑与辅导是无法实现针对每个学生的，因为教师只有一个，他上课的时间也是有限的，而学生的人数是远远多于教师的。但是随着人工智能技术的发展，这些问题都将迎刃而解，智能化的答疑辅导将根据教师的备课信息、授课内容，对每个学生的问题进行自动回复，如果问题比较复杂还可以将问题反馈给教师，最后由教师进行回答。智能化的答疑辅导使学生的问题能得到及时的准确的回复，同时也可以为教师提供一个答疑库，教师可以将这些问题再次带到课堂中为学生进行深入的讲解。

（二）智能化学习

传统的学习方式是"死记硬背"，目的就是记住知识，教师也只考查学生掌握知识的程度，基本不考虑学生综合素质和能力的培养，这样就导致学生也只关注考试成绩，限制了学生的创新思维。

人工智能已经开始应用于学生的学习中，如爱课程、中国大学 MOOC、腾讯云等智能学习平台。人工智能的学习平台可以让学生突破空间、时间的限制去学习更高学府、最好教师的课程，让学生获取知识的途径更加方便、快捷。通过智能学习平台，学生可以根据自己的兴趣爱好、个性化需求选择自己喜欢的、关注的知识。同时，智能学习平台根据学生的学习情况及时反馈信息和推送新的内容，使学生学会自主学习、自主获取，摆脱知识只能在课堂上获取的限制。智能学习平台还可以结合虚拟现实技术、增强现实技术，让学生足不出户就可以实践操作，使学习不再仅仅是学习，而是实际操作，加强学生学习的效果。

三、人工智能改变教学评价方式

教学评价是教学过程的重要环节，是对教师的教学情况和学生的学习情况进行的一种判断性活动。目前我们对教师的教学评价多采用督导听课、学生网上评分、教学资料检查的形式，但是这种评价反馈信息速度慢，或者评价不合理，基本上都流于形式。而对学生的评价基本上都采用课堂出勤、平时作业、结课考试的形式进行，这种评价方式基本上只能反映学生掌握知识的情况，而不能全面反映学生的学习情况，对那些有个性、有创新想法的学生是不太公平的。但是人工智能技术的出现，极大地改变了旧有的评价方式。

（一）智能教学评价的内容

在图像识别技术、自然语言处理、智能语音交互等人工智能技术的推动下，智能教学评价正在逐步实现。

通过人工智能，可以对数字化教学过程和教学数据进行评价与分析，这已初步应用于教学领域。利用自然语言理解和数据分析技术，对学生进行智能评价，跟踪学生的学习过程，进行数据统计，分析学生知识储备、能力水平和学习需求的个性化特征，帮助学习者和教师获得真实有效的改进数据。

1. 针对学习的智能评价

基于人工智能的评价，在学习开始之前，对学生的知识、智力、兴趣爱好、学习能力、性格等数据进行收集、分析，对学生做一个整体的评价。这个评价可以为教师的教学决策提供依据，帮助教师了解学生的知识能力、学习兴趣、学习习惯，教师根据这些信息为学生提供个性化的教学内容。

传统的课堂学习情况检测，往往都是教师通过提问、交流、测试的方式进行的，这样很难对学生的学习情况有一个全面的了解。但是人工智能的评价系统可以通过收集学生的学习状态、课堂表现、课前预习情况等数据，使教师通过这些数据对学生的课堂表现做出一个公正的评价。

传统的笔试的测试范围很窄，而且仅仅依靠笔试的成绩对学生的学习情况进行判断，很不合理。如果使用人工智能的辅助测验，则可以改变这种传统笔试测试的方式，可以出现一些原来使用笔试测试无法呈现的问题，这不仅可以测试学生的学习情况，还可以呈现学生的行为表现。

人工智能还可以根据教师的授课内容、学生的学习情况进行分析，然后根据教师设置的难度系数，自动编制试卷，并对学生进行考核。随后人工智能再将试卷自动批改，并将结果反馈给教师和学生。人工智能给学生反馈的测试结果不再是简单的数字，而是一份详细的分析报告。这份报告中包含了学生平时的学习状态、学习习惯、对相关知识的掌握的情况、对哪些知识点掌握得不够牢固等内容，并针对性地提出一些学习意见，学生通过这份报告可以快速地调整自己的状态，并且可以准确地查漏补缺。

智能教学评价对学生的评价更加科学和合理，同时也减轻了教师的一些烦琐的工作的压力，这样可以使教师有更多的精力去创新教学，有更多的时间去和学生沟通，从而达到因材施教，提高教学质量。

2. 针对教师的智能测评

目前，对教师的评价仅仅是通过对科研完成情况、督导听课打分、学生网上评分、授课班级学生的成绩等方面的考核来完成的，但这些不能直观地、实时地展示教师的状态，也不能即时为教师反馈评价信息。在使用人工智能之后，这些评价模式将会失效，因为将从多角度、多维度对教师进行评价，如教师使用人工智能授课的方式、使用新技术的能力、创新授课的方式、科研成果的转化、在人工智能平台上分享经验的程度、学生对教师的评价等。人工智能的使用可以使对教师的评价更真实、更公平。

（二）智能评价的关键技术

1. 语义分析技术

语义分析是指使用各种方法来理解一段文字所表达的含义。它是自然语言理解的核心任务之一，涉及语言学、计算语言学、机器学习和其他学科。例如，2017 年参加高考的人工智能机器人具有基本的语义分析能力。

2. 语音识别技术

语音识别技术研究如何使计算机理解人类语音，如何让计算机可以理解人们所说的每个词和每句话，这是科研人员一直努力的目标。语音识别技术的发展经历了三个过程：一是标准模板匹配算法，二是基于统计模型的算法，三是深度神经网络。

3. 光学字符识别

光学字符识别指的是通过电子设备检查纸张上的文本、检测字符形状，然后使用识别方法将形状转换为计算机文本。通过这项技术，手写文本被转换为数字文本。目前，科大讯飞公司的手写识别技术的准确率已达到95%。文字识别为机器自动批改奠定了基础。

四、人工智能改变教学管理工作

教学管理工作繁重，如教学资料的留档、数据的重复统计，让教学管理人员身心俱疲，将人工智能应用于教学管理工作中，可以使管理工作更加有序，提高工作效率，改变工作状态，让教学管理人员更好地服务教师和学生。

人工智能的图片识别技术，可以方便教学管理者在系统中录入历史教学资料；语音识别技术，可以方便教学管理者快速地在系统中录入信息，省时省力。在教务管理中课程编排和调停课是重要的环节，通过基于人工智能的教务管理系统，在编排课表时，系统会自动识别教师信息，如平时的上课习惯，需要什么类型的教室、实验室等，分析课程的难易度，对课程进行一个更为合理的自动编排，使教师、学生的课程安排更为合理；在调停课时，教师通过智能系统发起调停课，由教学秘书、系主任、教学院长进行线上审核，通过后，系统可将调课信息发送给学生，省去了任课教师跑到教学办公室找教学秘书、系主任、教学院长签字的烦恼，也不用担心通知不到学生。

通过人工智能的教务管理系统，学生和教师实时对相关文件、课程设计提出意见，智能系统统计所有意见和建议，并对比其他学校的规章制度，向教学管理者发出提醒，并展示出相关意见和建议。这些意见和建议有助于教学管理的进步。

现在互联网高速发展，各种新知识层出不穷。企业对人才的需求也越来越多样。由于培养方案的制订和执行都是一成不变的，极大地限制了学生对新知识的获取，也跟不上企业对人才的需要，但智能系统可以在网上筛选现有公司的招聘条件、所需要的技能，再对教师、学生提出的意见进行分析比较，列出一个 3～5 年内紧缺的知识体系，这样做出的人才培养方案更能体现出社会的需求，能够培养出符合时代要求的人才，最后学生、教师、市场都满意。

第三节　基于人工智能视角的高校信息化教学发展策略与创新建议

从目前人工智能技术运用到高校信息化教学中的一些案例可以发现，将人工智能技术运用到教学管理中，必将创新出新的教学管理模式，必将提升教学质量，提升学校的办学水平。

一、高校信息化教学发展的策略

（一）引进智能化系统

1. 智能化教学管理系统

高校应根据学校的自身需要，引进智能化的教学管理系统，该系统可以帮助教学管理人员提高工作效率，取代传统的人工处理；可以对学校现有的数据进行分析，逐步完善数据资源体系，使学校的信息资源被充分利用；对学校的信息化建设、教学、科研等起到推动作用，为学校提高自身层次，加强核心竞争力提供支持；可以将学校的各类信息有机地关联在一起，进行数据挖掘，为学校各类用户提供全面、深化的服务。

2. 智能化教学平台

智能化教学平台的搭建是比较困难的，以高校自身的科研能力和经费情况是很难实现的，因此高校应该先引进智能化教学平台，实现智能化教学。例如，可以引进目前已经成熟的超星学习通智能学习平台。学习通平台中含有大量的教学、学习资料，弥补了高校图书资料缺乏的不足，教师和学生通过平台可以查阅感兴趣的各种资料。学习通平台中还有对教学过程管理和对学习情况进行测评的智能化工具，通过对平台的运用，使教师和学生改变传统的教学和学习方式，快速地提高教学和学习效率。这样可以使高校在投入资金最少的情况下，获得最大的收益。

（二）创建优质教学资源平台

高校要建设自己的智能化平台，并针对自己的优势资源进行整合。

高校应当将那些老教师的优质课程进行整合，与青年教师进行协作，让老教师带领年轻教师制作微课、MOOC、视频课等，将优质的教学资源信息化，将这些优质教学资源放到自己的教学平台中，面向全国免费提供在线学习，并对学习通过者发放学习证明，鼓励本校的教师、学生在授课、学习中使用这些优质资源。

（三）高校相互合作，引进优质资源

在建设自己的教学资源平台时，要跟全国的其他高校进行合作，引进他们的优质课程资源、教学资源，丰富自己的教学平台，促进学校直接的交流课程资源的建设，可以根据实际情况，采用多样式的接入方式，如课程、教学资源的批量购买，根据要求定制课程，进行学分互认、远程教学等。通过这种方式可以和其他高校交流教学平台建设经验、学习他们优秀的教学管理方式，同时还可以丰富自己的教学资源，提高学校的知名度。

（四）创建智能化实习实践平台

在高校中，实习实践是教学中的一个重要环节，但是受到办学资金的限制，许多学校的实验室都是比较少的，无法满足学生的实习实践，有些学校跟企业签订协议，让学生去企业实习来完成实习实践，这也是一种很好的方法。目前，人工智能技术发展迅速，虚拟现实、增强现实等技术也日趋成熟，因此高校应当充分利用这两样技术，与企业合作，创建智能化的实习实践平台，学生通过智能化的平台完成自己的实习实践，企业也可以通过学生的实习数据，得到许多实操数据，来完善自己的产品等。

（五）构建一体化的智能校园平台

高校运用人工智能技术创新教学管理，提升教学质量，从而实现智能化校园。这需要在前面的基础上积累经验，积累了足够的数据和经验，学校可将这些系统、平台进行关联，形成一个遍布全校的智能校园平台，实现校园的智能化管理。

二、高校信息化教学发展的创新建议

信息化教学是一个复杂的系统工程，为适应信息化教学中"四个转向"的发展诉求和变革趋势，单靠高校本身是无法解决的，需要从创新体制机制、加强校企合作、引入第三方评价机制等方面入手，才有可能为信息化教学的蓬勃发展注入新的活力。

（一）创新体制机制，为信息化教学创新应用与推广创造有利条件

信息化教学在高校已开展多年，但一直以来都被框定在旧有体制机制下进行，实质上是对传统教学的信息化改造，没有充分发挥信息化教学的切实功效。信息化教学作为新生事物有其自身发展的规律和特点，必须创新体制机制以适应信息化教学发展的内在机理，逐步解决信息化在建设、管理与教学方面的条块分割及互相牵制的问题，为信息化教学健康发展培育优良土壤。MOOC与翻转课堂等新兴信息化教学模式在高校的发展就是最好的例证，政府不断呼吁和倡导，并出台多个政策性文件进行顶层设计，体制机制灵活的高校大刀阔斧向前推进，不断提高教学质量，提升学校知名度和影响力，在信息化改革浪潮中享受红利。而有些高校囿于体制机制僵化的桎梏使得改革举步维艰，不仅没有享受到信息化教学改革的成果，而且浪费了大量的人力、物力和财力。只有通过体制机制改革与创新，消除各种旧有障碍与顽固壁垒，才能为信息化教学创新应用与推广创造有利条件和氛围。

（二）加强校企合作，从资金、资源及人员等方面为信息化教学注入新的活力

高校在信息化教学创新发展方面至少存在三个软肋：一是资金不能充分保障；二是人力资源不够，尤其是资源开发、运营管理等方面的技术人员严重不足；三是创新推广能力欠缺，难以发挥信息化教学服务社会的潜力。针对上述问题，高校与企业等机构合作现象开始涌现，随着MOOC的兴起，更多的企业走入高等教育领域，一方面向MOOC投入，追求盈利，另一方面通过参与课程制作、评价和质量监控，渗透到大学的内部治理之中。加强校企合作，一方面可以探索资金筹措的多元化渠道和方式，探索信息化教学创新推广和盈利模式，为信息化教学发展提供充足的资金投入和强大的技术保障与运营支持；另一方面可以借助不同主体的战略眼光逐步解决信息化教学平台功能与理论研究脱节的问题，开发问题解决导向的优质教学资源，在资源和平台支持下变革教学结构，从而提高教学质量。高校应当争取社会各界的积极参与，尤其要加强与相关教育企业的合作力度，在合作共赢中形成互相促进的良性发展机制。

（三）引入第三方评价机制，为提升信息化教学质量和社会认可度建立标准导向

高等教育第三方评价制度能有效地弥补内部评估的不足和缺陷，推动我国高等教育的内涵式发展以及高等教育评估的国际化。对于信息化教学而言，第

三方评价同样具有不可估量的价值。首先，第三方评价可以打破高校既当运动员又当评判员的格局，促进教学评价向公开、公正、科学、透明的方向发展；其次，各高校实行统一的信息化教学评价标准，可有效解决校级学分互认的难题，促进高校之间联合培养人才的进程；再次，有利于引导社会转变育人观念，消除人们对信息化教学的疑虑，提升信息化教学的社会认可度，保证信息化教学效率、效益和效果；最后，可以提高信息化教学管理的科学化和精细化，为深化信息化教学改革提供决策依据。第三方评价是提升信息化教学质量的有效外部动力，也是提高信息化教学社会认可度的标准导向。

第五章 人工智能时代的高校教学变革

人工智能正在对教育教学产生深刻的影响，并且也逐步影响着学生的学习模式以及教师的教育模式，技术变革教育的时代即将到来。面对这样的时代背景，本章详细分析人工智能带来的高校教学变革，基于对人工智能推动教学变革、人工智能教学应用和人工智能技术等有关理论内容的深刻研究，通过对与有关学者开展的访谈内容的整理，论述人工智能会怎样影响教学过程，并论述哪些教学因素将受到人工智能的影响，从而确定分析过程。

第一节 人工智能时代高校教学变革的理论基础

新时代的发展呼唤着技术变革教育，推动教学不断转型和升级。本节以教育变革理论、分布式认知理论、技术创新理论作为理论基础部分，探讨人工智能时代下的高校教学变革。

一、教育变革理论

在教育变革理论中，教育变革属于最基本的范畴。从教育变革理论的观点来看，教育的发展始终处于不断变革的过程中，教育长久以来一直是以变革为"基本法则"而得以延续，变革也是发展教育的重要推动力。教育变革被哈维洛克和古德划分为两种类型，即有计划变革和自然教育变革。在教育变革的过程中，企图通过对某项具体计划普遍实施来达到教育变革目的的，就属于有计划变革，教育改革、革命等均属于此范畴，此种教育变革方式不但确定了清晰的目标，而且对变革具备了一定的方案和策略；而对变革没有一定的方案和没有明显企图用意的便是自然教育变革。它与有计划变革是相反的。例如，教师在教学过程中可以随意地变换或调整自己的教学方法，学生人数由于人口的剧烈增长而猛增，以及学校数量由于自然灾害而减少等都属于自然教育变革。

以上述理论的角度而言，教育变革的特性是非常明显的，即非线性和复杂性。概括而言，非线性指的是变革由上至下从组织结构上进行并不一定能够取得理想结果，从启动到实施不是线性过程；复杂性则指的是教育系统作为变革的实施对象，其本身同时具备社会性和自然性，且不具备线性特征，也并非保持不变，预测其发展的难度较高。受到以上两项特性的影响，导致教育变革具有较强的不确定性，并非所有教育变革产生的效果或影响都是正面的，其产生的效果可能具有一定的推动作用，也可能具有一定的阻碍作用。

教育变革理论具有重要的作用，具体是：教学工作在人工智能时代的变革属于典型的有计划变革。事物本质是变革的主要对象，对教育变革而言，其指的是在原有教学优势与智慧内涵的基础上进行变革，在教学过程中能够得到进一步的优化，在教学方法和手段上能够进一步创新，并不是对传统教学的全盘否定。"量变质变规律"也是高校教学变革过程中应该遵循的方面，要从本质上对教学进行改变，必须充分融合教学与人工智能技术后才能实现，进而上升至整个教育。基于上述原因，本书是以教学工作在人工智能时代具备的特点为基础对高校教学变革展开研讨的，借助教育在人工智能作用下形成的创新来改变教学活动要素具有的作用和地位，其涵盖的变革内容主要有教学的内容、方式、目的等，其中评价高校教学变革效果的重要指标便是各要素的地位和作用的状态。

二、分布式认知理论

赫钦斯在 20 世纪 80 年代批判了认知的传统观点，并在此基础上提出分布式认知理论。该理论认为，分布式是认知的本性，不仅在我们的头脑中可以发生认知，在人和人之间以及人和工具之间的相互交流过程中也可以发生认知。在分布式认知理论看来，在内部表征（如个体的想法）与外部表征（如将信息和知识通过计算机或纸的形式表征出来）之间的传播和转移中能够发生认知，因此，知识的产生和传播主要是通过各种不同表征系统或表征状态之间的交互呈现出来的。

在人工智能时代，智能化的复杂性需要我们去适应，认知形式在人工智能时代产生了巨大变化，即认知方式正在向分布式转变，人对机器的分布式认知的依赖是应对知识与智能膨胀的根本途径，这是人工智能时代人对复杂性适应的基本的思维方式。人工智能时代的基本的认知方式是分布式认知，现代人能够处理越来越复杂的问题，能够应对越来越多的知识，正是因为人与智能设备的协同思考和协同思维。

对于教学在人工智能时代的变革而言，分布式认知理论在指导上所发挥的作用是极为重要的。首先，"人工制品"是分布式认知的组成之一，其涵盖了技术等多项内容，这些内容是有助于认知负担减缓和认知任务转移的。如果不能解决学习者学习能力在其认知之外的问题，通过智能化学习工具可以在认知方面有效降低学习者承受的负担，进而帮助学习者展开更深入的学习。此外，具有重复性、复杂程度较低的认知任务，智能机器人是可以独立完成的，从而使个体认知活动向更具有创造性的方向发展。未来必定是人与机器共存的，二者所擅长的领域是存在差异的，因此，二者合作能够产生远远超出人类或人工智能的单独智慧。在面对复杂问题时，认知方式已经开始向人机协同进行转变，人类已经开始向分布式的认知方式进行过渡。

其次，分布式认知的核心内容是通过交互认知环境与个体产生认知。在此期间，认知个体对认知结构的构建难度将大幅度降低。学生与教师之间的交互行为是教学中的主要交互体现，但是教学中的交互还应该包括生生交互、师生与知识的交互等，智能化教学由于得到了人工智能的支持，可以有效丰富交互方式。在交互过程中可以重新构建学习体验，听觉等方面均可能对个体认知产生影响。

三、技术创新理论

技术创新理论是熊彼特在《经济发展理论》中首次提出的，其在生产体系中被引入，对创新的解释是"建立新生产函数，换言之，就是以全新的方式对生产条件和要素进行结合"，即不仅在新生产要素中会体现创新，而且在生产要素之间相互产生新的化学反应也会体现创新。由此可知，构成创新的主要内容包括下列几方面：①引进或提供新的产品或品质；②使用新的生产手段；③开辟新市场；④获得新的半成品或原料供给来源；⑤一种新的组织方式的实行。

创新是一种不停运转的机制，而不仅仅是工艺发明或某项单纯的技术，真正的创新是通过将发明或发现应用到实际生产中实现的，而且能够影响到生产的传统体系。在创新教学方面，该理论所具有的指导意义是极为突出的。①对教育教学的创新具有推动作用。新技术能够在此方面产生巨大影响，将人工智能引入到教学的各个环节中，可以对诸多方面进行创新，如对教学工具智能化升级，对教学管理模式进行优化等。人工智能与教学结合的新形式需要教育工作者去探索，要积极转变思维方式，进一步深化教育工作与技术的融合程度，并实现创新教育等目标。②学生创新能力的培养得到重视。在人工智能时代，机器已经能够取代人类中的简单重复性的工作，人类的左脑（工程逻辑思维）

正在被智能机器人慢慢超越，为了维持人类占据的优势地位，最有效的策略之一就是最大限度地开发学生的右脑，右脑所擅长的领域正是机器的缺陷所在，通过对独特的人类智能能力进行培养，可以让学生在科技发展过程中始终保持优势地位，而这也是教育改革的主流方向。

第二节　人工智能时代的新教育技术对高校 教学变革的影响

人工智能技术的迅速发展影响着社会和人们的生活与生产方式的同时，也对教育领域的发展产生着深刻的影响。未来的教育将会是在人工智能的驱动下发展的教育，教育的整体发展形态将会有所创新和转型。本节分析人工智能技术中的图像识别及语音识别、大数据分析及深度学习、智能教育机器人等技术在教育领域中的应用，以及在教学中这些技术展现出的价值，讨论人工智能发展阶段高校教学变革的实质、新教育技术的本质所在，目的是分析人工智能和教育结合后出现的新变化，如何调整教育目标和未来的发展方向，深入研究人工智能为教育带来的新影响和新变革的实质，以更好地促进教育的发展。

一、人工智能时代的新教育技术介绍

人工智能是通过机器来对人的智能进行模拟，研究与开发用于模拟、延伸和扩展人的智能的新兴技术科学，涵盖了学习、推理、思维等多项能力的智能行为。在行动和思考方面，机器具备的能力与人类是极为相似的，在过去只有人能独立完成的工作现在机器可以代替人来完成。近年来，人工智能的迅猛发展，逐渐给人们带来了些许畏惧和恐慌，人们关注的焦点逐渐转向人工智能是否会取代人的存在。弗农·维格（Vernon Vinge）是计算机领域的知名专家，是奇点概念的首位提出者，他对此概念的解释是，在人工智能的作用下，机器人或计算机可以对自身进行优化和设计，甚至对人工智能进行升级。教育领域由于受到人工智能的影响，我们要秉持着理性的观点，既不高估也不低看。

智能控制、模式识别、机器学习等技术是人工智能的主要研究领域。随着计算机技术的快速发展，以及大数据等相关技术的突飞猛进，人工智能获得巨大发展，并被大范围地应用到不同领域，各行业在发展过程中遇到的困难可以不同程度地通过人工智能获得帮助，对于教育领域同样如此。学者张坤颖表示，作为具有赋能等效果的技术，主体性和辅助性是人工智能在教育领域的两种应用形态。教育领域特定系统的主体是人工智能具有的主体性，如教学智能机器人等；辅助性是指教学系统、资源和环境、评价和管理中融入人工智能的功能模块或部分结构，人工智能具有的作用是通过媒体等形式施展的。

单一技术是无法有效支撑其对教育教学产生的影响的，需要综合利用多项技术，因此，在教学中融入人工智能技术将会给教育领域带来一定的影响，也会给教学的发展带来新机遇和新挑战。

（一）智能图像识别与语音识别技术

教学中对于相对抽象的知识内容总会存在难以理解的现象，如理解物理教学的磁场分布等。不仅学生对这种抽象的知识点很难理解，同样教师对如何解决这种教学现象也无从下手。为达到具象知识化抽象知识的目的，部分教育机构有效融合了人工智能等技术，进而陆续推出了人工智能适用于教育领域的技术产品——"AR 讲解分析知识点"，概括而言，就是利用 3D 模型等相关技术对抽象知识进行具体化，在学生面前呈现出立体化的知识内容。以往不擅长展开空间想象的学生在学习抽象知识时同样面临较大的困难，但通过这种新型增强现实技术的讲解，学生能够破解不理解的问题，轻松而又高效地完成学习任务。

在学习过程中，学生只需要通过手机扫描书上的二维码，便很快就可以对知识内容进行识别并获取相应的解析，随后将知识脉络清晰地展示给学生，使其可以对相关知识进行梳理；如果学生在解题时无法独立进行解决，只需要使用手机中的增强现实相机功能，用摄像头扫描知识点配图后就可以轻松提取其特征点，并自动将其与实现存储的相应特征点进行匹配，随后将与之对应的知识点 3D 模型信息加载到手机中，如此，学生就可通过具体、直观的方式对抽象知识进行理解，使学习效率获得大幅度提升。

以立体化的模式对科学知识加以展现，能够让学生产生更加直观的感受，对科学、人文历史等各个学科的知识产生更加直观的感受。同时学生的体验感大大增强，有助于学生认知能力的提高。

语音识别技术中，如何让计算机对人类语音正确理解是其主要研究内容。人工智能学科从诞生起，科学家们一直努力追求的目标就是能够让机器理解和听懂人们所说的每一个词、每一句话。在研究发展过程中，该技术先后经历了三个不同的阶段，首个阶段是研究标准模板匹配算法，第二个阶段是研究以统计模型为基础的算法，最后阶段是神经深度网络。人工智能识别语音的正确率在我国已经超过了97%，在世界上居于领先地位，同时以飞快的速度响应世界各地。在英语学习中应用语音识别技术，对学习者的听、说练习等方面都有帮助。如今语音助手、语音对话机器人、互动工具等技术层出不穷。在全国普通话等级考试、英语口语测评中已广泛使用了科大讯飞的语音识别技术，其各项指标的表现均远远超出人工专家。

智能化技术在发展过程中呈现出明显的趋势，举例而言，将语音内容进行文字转换并根据相应限制条件进行选择，如识别设备将"我是李宏"这段语音进行处理后，以文字方式显示在屏幕上"我是李红"，此时可以对文字内容进行纠正，"是宏伟的宏"，设备在识别后就会自动更改成"我是李宏"。

未来能够通过对远距离进行识别是语音识别技术发展的方向，未来技术也可以精准地捕捉到远距离的对话，并能够进行精准的识别。

（二）大数据分析及深度学习技术

海量优质的应用场景数据已经建立在人工智能当中。相较于传统数据，大数据在数据量、流转速度等诸多方面均表现出强大的优势。此项技术是以采集、分析和储存数据为基础的，对存在于已知变量中的关系进行发现来实现科学决策。大数据在现阶段已经被广泛地应用到诸多领域，如电子商务、金融等，可见大数据在未来的发展过程中具有广阔的应用前景。而在教育领域中，大量的数据会随时出现在教学过程当中，而教学会通过大数据的相关分析进行相关问题的解决，大数据会对教育教学产生深刻的影响。

大数据的根本作用就是以科学分析数据为基础，完成智能决策等工作。换言之，就是大数据技术具备构建相关模型的能力，能最大限度地发挥其具备的价值。

教学工作通过有机融合人工智能和大数据可以给自身发展创造新的机会。人工智能内部的庞大数据是其基石，机器学习在大数据的发展下取得了很大进步，使得其具有的无限潜力得以激发和释放。因为在学习方法上人与机器各不相同，如当我们看见几只狗的时候，告诉一个孩童这就是狗，那么这个孩子下次在其他的地方看到其他的狗便也知道这就是狗，而要让机器来认识狗，需要向机器提供大量的狗的图片。所以说，人工智能的发展需要大数据的支持。大数据的优势会在与人工智能的结合中充分发挥出来，如人工智能模型可以通过对教育教学过程中存在的大量的教学设计、教学数据的分析来辅助教师发现教学中的不足并加以改进。

学习分析这一概念是在数据挖掘等相关技术获得巨大发展后形成的，采集的数据来自学习的相关活动，通过采取多种工具和方法对数据进行全面的解读，研究学习的轨迹和环境，并以此为基础对学习规律进行总结和概括，合理预测学习效果，为学习者实施干预提供有效措施，进而对学习效果进行提升。综合以上论述可知，学习分析以大数据为基础，大数据的价值在学习分析中可以有效地实现。

学习分析的核心目标就是改善学习过程，其通常由以下几个阶段构成：①准确描述学习结果；②科学评判学习过程；③合理预测未来学习的发展状况；④将有效的干预措施引入学习过程。学习分析未来发展的主要趋势是教学的个性化和差异化。教育数据规模的增长速度，由于受到应用数字化教学工具增加的影响而不断提高。学生在智能教学平台学习期间产生的所有数据均被采集下来，并完整记录了课堂中学生与教师之间的所有互动及其产生的效果，通过分析此过程，以图表分析和整体数据统计的形式进行生成。在此基础上，学生要想找出其中的不足，可以通过查看相应的学习数据、分析情况，进而改进策略。在此基础上，教师可以有效地掌握学生的学习特点，同时学习方案的制订可以依据学生的个性特点来进行设计，可以对学生学习行为与学习数据进行深度分析，对学生发展可以实现随时监测。

（三）智能教育机器人技术

国际机器人协会对机器人的解释是，具备自制能力的、可实现多种不同功能并具备编程能力的可操作机器，在没有人工介入的特定环境中，根据实际环境和感知能力，安排并执行好任务。在未来的发展中，如若情感交流的屏障被人工智能突破，人与机器或许真的能够达到心灵相通。目前，在社交和情感陪护领域人工智能已经有所突破，如人工智能"小冰"。

作为具有特殊功能的机器人，教育机器人的主要目标是对学生在实践、创造以及分析方面的能力进行培养。教育机器人是以语音识别等技术为核心，可以在教学过程中与学生进行互动等，在有效缓解教师工作负担的同时，对教学效果予以优化。

机器人教育和教育服务机器人这两类是黄荣怀等对教育机器人的划分。一种是机器人教育，其主要载体为机器人，主要引导学生观察、设计、拼装、操作机器人，并借此有效激发他们的学习兴趣，锻炼其思维能力，以及培养学生的实践和创新能力，"玩中学"成为学生的主要学习方式，知识能够在实践中获得应用。目前，将机器人教育归入正规课堂在部分学校中还未能实现，机器人教育多数体现在课外活动、兴趣班等范围。通常需要校方对所需的器材、散件等进行选购，并由专门的教师指导学生独立完成。另一种教育服务机器人是一种特殊的机器，其能够独自完成与教学有关的工作，此类机器在现阶段已经得到较大范围的应用，并逐渐获得大众的认可。举例而言，2017年，教育服务机器人挑战了当年的数学高考题，在社会上引起了广泛的关注；百度公司以人工智能为基础，对"名师＋机器助教"的教学模式展开更加深入的研讨；科大讯飞等公司相继向社会推出了个人陪伴教育机器人，其首款产品就是"阿尔法蛋"。

我国教育机器人的发展，其主要有两种应用情景：一种是有助于发展儿童智力的机器人，其核心功能是在陪伴儿童游戏和学习的过程中，能够通过多样的方式进行教育，在玩儿的过程中对儿童学习进行合理有效的启发，使他们在潜移默化中建立良好的习惯，比较常见的如智能玩具等；另一种是辅助教学类机器人产品，其主要的应用领域是教育领域，对教学活动予以支持。本节归纳整理了国内现阶段教育机器人的类型，具体包括机器人教师、特殊教育机器人等七种，如表5-1所示。由此可知，此类机器人的未来应用领域非常大，在变革教与学方式中会得以体现。

表 5-1　教育机器人的类型

用途	类型	说明	案例
益智陪伴类	智能玩具	一种集教育性和娱乐性于一体的新型玩具形式，不仅儿童爱玩，更是寓教于乐，通过儿童与智能玩具的交互完成预先设定的教学任务	StoryTeach、乐高机器
	教育陪伴机器人	根据儿童的年龄及兴趣，陪伴学习，儿童可以与机器人"一问一答"学知识，还可以学习故事儿歌、唐诗宋词、数学、英语等，帮助儿童养成良好的学习习惯，可以智能识别儿童的情绪	布丁S、智小乐
辅助类	机器人助教	辅助教师完成简单或重复性的教学活动	大白、"未来教师"

用途	类型	说明	案例
教学类	机器人教师	机器人扮演教师角色，独立完成课堂教学活动	"小美"教师、"Saya"教师
	医疗机器人	通过模拟各种疾病症状的软件系统，提供真实的教学环境，让医科学生进行实践练习，训练医科学生	墨西哥国立大学机器人应用医院
	特殊教育机器人	为频谱障碍、自闭症等特殊人群设计的机器人	Ask Nao、Milo
	虚拟教育机器人	一类软件	微软"小冰"

（1）益智陪伴类机器人

在完成固定的教学任务中，机器人更容易获得儿童的好感，并能够让他们更加专注地进行学习。在教学交互过程中，不但可以培养儿童的表达能力，而且能够在最大限度上激发他们的想象力和创造力，儿童时期是人类发展认知能力的重要阶段，而上述能力对此是具有支持作用的。如名为达奇（Dash）和达达（Dot）的两个小机器人在奇幻工房公司被相继推出，其能够帮助大于5岁的儿童进行编程学习，进而对其想象等方面的能力充分激发。

（2）辅助教学类机器人

"Saya"是全球首位机器人教师，于2009年由日本制造，问世后被投入东京某小学，由其负责完成部分教学工作。在工作期间，"Saya"机器人可以使用不同的语言与学生展开交流，解答学生提出的复杂程度较低的问题，并能独立完成安排学生作业、点名等教学基本工作，除此之外，它还可以做出非常人性化的表情，如喜悦、哀伤等。韩国也对机器人教师的应用进行了推广，自2009年开始陆续向小学投入30个蛋形机器人，这些机器人主要负责英语课程的教学，在学生中大受欢迎，结果表明，学生学习英语的积极性可以通过机器人得到调动，并产生兴趣。机器人教师的报道在我国也此起彼伏，在部分学校已经进行了测试，如北京师范大学与网龙华渔教育共同研发的"未来教师"机器人，其对作业批改等工作具有帮助作用，而且可以借助相应设备准确了解学生身体的状况，如果学生出现身体不舒服的状况，教师就会接收机器人发送的信息，此外，还可以完成监考工作。目前，我国部分高校也开始尝试使用机器人教师，如江西九江学院的"小美"教师等。

二、对高校教学变革的影响

根据教育部门的要求，教学改革在未来的大趋势就是教学变革，高校教学变革的序幕已经随着人工智能时代的来临而缓慢拉开。人工智能时代的高校教学变革是指教学中运用大数据挖掘技术、移动互联网技术和人工智能技术作为教学的技术支撑，新一代信息技术与课堂教学深度创新后，在新的课堂教学模式中，教学目标、方法、内容、关系、地位、环境、结构出现全方位的变化，课堂教学领域出现翻天覆地的变化，所以教学变革已经成为对课堂教学的一次全方位改革，传统意义上的教学模式被彻底颠覆和改变。

（一）人工智能动摇了传授知识的传统教学根基

传统教学方式的核心内容是对知识进行传授，这是在大工业生产对劳动者基础知识和基本技能的学习和培训需求的基础上建立的。根据传统教学内容的要求，知识和技能是经过现实验证的，学生只需要学习这些固定的知识和技能即可，但是近年来，随着科学技术的发展，几千年来人类知识的生产和传承方式被移动互联网技术打破，因为网络技术的加入，知识的生产和传播方式被彻底改变。在人工智能时代，公众根据一定的标准对知识种类进行了划分，即软知识和硬知识，其中硬知识指的是固定性较强、公众和专家认可度高的知识；不稳定、可以被改变的知识就是软知识。

长久以来，学校的课堂教学中所传授的知识就是硬知识，而在信息化时代出现的新知识多是软知识。随着智能机器的加入和深度学习技术的出现，知识的更新速度越来越快，变更周期日益缩短，硬知识在校园教育和知识系统中的占比不断降低，而软知识在学生知识学习中占比会逐渐提升，因为快速传播和快速更新是软知识的特点。更为重要的是，随着互联网技术的发展和人工智能技术的突起，许多硬知识已经不需要人们专门学习和记忆，因为智能机器人和平台的加入，在互联网时代，人们可以通过线上自主获取想要的信息资源，所以互联网和人工智能取代了知识的简单背诵和记忆，个性化学习和自适应学习已经成为最重要的学习模式，学习者需要培养的是信息获取及分析能力，掌握这些能力之后再进行自主学习，在课堂学习中掌握新的知识，一个更加重视个性化教学的智慧课堂时代即将到来。

（二）人工智能颠覆了教师讲授的传统课堂中心

随着信息技术的快速发展，体验、发现、创新和探究式的课堂逐渐取代了传统的讲授、传授、背诵和记忆式的课堂，传统的教学模式已经被颠覆，教师不再是课堂的中心，教师需要借助互联网技术和人工智能技术对自身职能进行转型，线上教学模式将会取代传统的线下课堂教学模式，而以线下课堂教学模式为主业的教师，其失业风险显著增大。人工智能无法完全代替人类教师，但是基于现有人工智能技术发展的客观判断，将会有一部分的教师面临下岗或转型的风险。尤为重要的是，传统教师观、教师角色和培养培训体制受 IT 领域企业的冲击，各种教育培训机构也会受到大规模的冲击，所以目前的教师培训院校和机构需要保持清醒的意识，做好各方面准备工作，迎接新的挑战。在未来的教学活动中，教师不再是传统意义上的知识传授者，而是心理疏导师，其主要工作职能将变为帮助学生调整自我，调整在学习过程中的学习状态和情绪，帮助学生处理学习中遇到的各种问题，帮助学生更好地适应新时代的课堂，学会使用新型教学工具进行自主学习，帮助学生养成良好的学习习惯。教师的转型发展就是要为学生制订个性化的学习方案，为学生规划好学习道路和计划，帮助学生建立起良好的学习状态和学习方法，辅助其将外在的知识转变为内在的知识。教师需要全程跟踪学生的学习状态和进展，根据学生的反馈信息给予他们良好的建议，成为学生的顾问。当今时代，教师的专业发展需要适应社会发展，教师对自身只能进行转变和调整，运用各种新技术，抛弃传统的教师角色与功能，改变传统的职业发展观念，这样才能跟随时代发展成为一名合格的新时代教师，符合人工智能时代对教师的需求。

（三）人工智能翻转了传统课堂的结构与场景

计算机视觉技术、智能语音技术和自然语言处理是新一代人工智能的三大主流应用技术，在线教育和智慧课堂中已被广泛开发并应用，显然，目前我们已经进入了智慧学习的发展时代。伴随课程教育与人工智能技术的结合，借助人工智能的强大功能，新的课堂教学模式将更加先进，功能将更加齐全，人工智能可以帮助学习者大幅提升学习效率。人工智能的加入，在优化配置课程资源、突破学习时空的限制、实现课程教学的公平性、满足学生学习的差异性等方面具有重要的促进作用，所以人工智能技术和教育活动相结合，可以帮助课堂教学实践实现更好的发展，促进高校教学变革事业更好地向前。

智慧教育、智慧课堂、个性化教学、智能教师、自适应学习等新事物将随着人工智能的发展而出现，学校、课堂、教师、学生等教学因素都将出现巨大的变革，会遇到很多挑战，也会出现许多发展机遇。随着人工智能技术的发展，新的高校教学变革方向越来越明显，人工智能与教学实践相结合，从根本上改变了传统的教学模式和课堂模式，促进新的教育观、教材观、课程观、学习观的出现，重新塑造全新的教学模式。

第三节 人工智能的基本特征及对高校教学变革的意义

人工智能的迅猛发展对教育产生深刻影响的同时也将颠覆着传统的教学方式，本节通过分析人工智能的基本特征及对高校教学变革的意义，体现出人工智能时代的高校教学变革具有一定的启示作用。

一、人工智能的基本特征

（一）深度学习

深度学习是人工智能呈现出来的第一个明显的特征。谈及深度学习，我们不由得会想到世界围棋冠军李世石在2016年被阿尔法围棋打败的事实。实际上，所谓的深度学习代表了依靠机器学习的办法让机器模拟人的大脑的神经思维过程，以此来让计算机拥有和人一样的思考方式。而对处于不同水平的表达的复制要通过利用层次化的架构来进行，从而有助于促进更为困难的问题的处理，让计算机的能力不断提升。

现在，包括自然语言理解和图像等各种应用范畴当中，深度学习已获得诸多的发展成果。例如，在图像领域，很多人都知道可以通过手机摄像确定人像的年龄，很多有趣的视频现在可以通过"抖音"平台来进行录制，人工智能识别图像中的动物名称等。同时也有机器人能够依靠对人体大脑处理视觉的过程的掌握和对名画的记录来创造全新的绘画风格，这都展现出了深度学习的能力。

机器翻译以及语义挖掘等方面的应用是自然语言处理的主要领域，如能够通过语音的输送来获取相关信息的苹果手机的 Siri 的使用，其能够根据人的语音提示来智能表达小说、行文以及音乐等。艺术类型的包括"天猫精灵"等智能音箱的产生，不仅如此，在演讲活动当中，很多智能翻译程序都可以按照屏幕上的内容完成对中文、英文以及各种语言的翻译，极大地节省了人力翻译消耗的时间和精力，并且效果更好。此外，在课堂上，教师能够依靠视频监控设施即时掌握学生在课堂上的表现，能够迅速关注到学生的学习动态，并对自己的教育教学方式进行调整，使每一个学生都能够积极参与教学过程，对师生双方都是有益的。在学校或是企业当中，深度学习也展现出了关键的价值，如经过输入学生或是客户的有关资料，教师或是企业能够经过深度学习很快取得各种不同的工作建议等。

（二）跨界融合

按照党的十九大报告内容，应当加速推动制造强国发展目标的达成，推动制造业发展，推进实体经济、人工智能、大数据以及互联网的融合发展。此外，在国务院颁发的《新一代人工智能发展规划》当中同样提及了目前中国经济建设步入新阶段，推动加速经济建设工作离不开对人工智能的合理运用，另外人工智能和教育产业的结合也是大势所趋。

各种产业在和人工智能进行结合之后，显然最终能够发挥"1+1>2"的效果。现今，在医疗领域，人工智能能够与其进行很好的融合，在观看分析医疗图像的过程中，医生在人工智能的辅助下，其人工判断的准确率大大提升，在诊断、治疗过程中人工智能还能够做到精准定位、准确治疗，还可以照看病人，大大减轻了医生的工作量，对人的健康生活具备较强的促进价值。服务行业中，可以在银行服务大厅安置一些机器人，帮助处理一些常规事务，同时在车站等场合也能够通过智能识别完成检票等工作。此外，包括肯德基等快餐行业中智能点餐机能够帮助人们进行快速点餐、酒店中的机器人助理能够帮助服务员解决随时出现的问题，人工智能的辅助，有效地提升了工作效率。在实际的智慧城市里，快递行业依靠机器人可以处理好绝大多数有关分拣货物的工作，机器人能够准确地进行相关分类；城市中道路拥堵的现象在无人汽车研究完成之后也许会被很好地处理；在生活当中，智能家居的应用，使我们的生活更为便捷。同样，教育行业当中，教师可以依靠实时监控设施以及人工智能助理等的支持从大量简单重复性的工作中解放出来，从而能够更加关注学生的真正需要，能够更好地根据学生个性特点进行因材施教，促进学生的个性发展，从而引导学生更好地成长，使其塑造健全的人格。上述都体现了人工智能跨界融合的价值。

（三）人机协同

人工智能还具备的一个特征为人机协同。具体来讲，人机协同即代表了人与机器协同工作，在各自所擅长的领域发挥其应有的功效。牛津大学、花旗银行共同发布的资料信息显示，预计到 2040 年，我国会有大概 77% 的岗位消失或是能够被智能机器取代。消失的岗位当中包括流水线上从事的各项工作，以及一部分外行人认为比较高端的工作，如记者、律师以及会计等。在未来 20年当中，过去人们熟悉的许多工作职位都将被智能机器取代，包括销售员、法务助理、柜台服务员以及前台、信贷员等职位有很大概率将完全被智能机器替代；而厨师、保安以及出租车司机等职业被替代的概率为80%；记者被替代的概率较低，只有11%，程序员则有48%。按照麦肯锡全球研究院针对一共约2 000种产业展开的研究，目前人工智能机器在一部分工作上，包括自然语言处理、感知能力等方面都有能力达到人类的效果，甚至对自然语言的处理比人类能力更强。按照《未来简史》对将来发展的预测，教师这一岗位会被机器人替代，这使人们产生了恐慌感。实际上，在工业革命阶段也曾发生过这些问题，在发展当中，劳动力和就业结构是必然会变化的，将来人机共存是必然趋势，因此应当懂得和机器更好地相处，双方共同努力推动社会发展。

　　进入智能时代之后，人类与机器人应当一同处理各种工作。人类负责进行具有人文关怀价值和创造性的工作，机器人则重点来处理重复、枯燥的工作。观察图5-1能够发现，将来伴随人工智能的不断发展，位于左下角的人工智能边界会逐步扩大到右侧。所以进入人工智能时代之后，由于有关创意和关爱的工作是人工智能所不能完成的，所以理性的分析性思考主要由它来负责，而机器所分析出来的结果要通过人类用温暖和关爱来传达。例如，在医院里，如果患者的患癌概率及生命时长的信息由智能机器人直接告诉他，听到消息时病人会感到很痛苦，但是如果医生告诉他，有人通过接受治疗，最后这个病得到了痊愈，那么患者一定会感觉到重燃希望，并对自己能够康复树立了信心。在教育领域中，学习者学习的数据能够通过机器来进行分析，但个体的社会化行为以及学习过程都要依靠交互作用完成，这意味着通过机器得到的最佳计划应当经过教师或是同伴之间的交流来完成。所以，进入人工智能时代之后，机器是为人服务的，是由人控制的，它无法成为主导者。将来在生活当中人们需要和机器共处，未来需要人机协同交互。

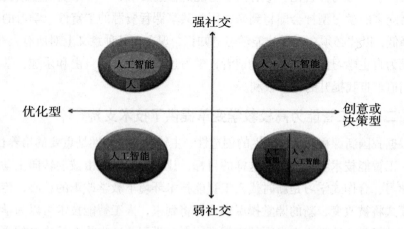

图5-1　人类与人工智能未来可共存

二、人工智能对高校教学变革的意义

（一）人工智能为实践终身学习理念创造了条件

人工智能时代，关于学校和学习的概念即将发生创新式的改变，学校的线下课堂不再成为学习知识与准备就业的唯一场所，只是成为人生中的一个学习阶段，随着信息技术的高速发展，未来的教育将会走向终身教育，社会也走向学习型社会。

终身学习是一种独特的学习模式，不再受具体时空的限制，而是被无限制扩大，其概念特征包括三个方面：①学习是一个人持续一生的活动，终身学习的前提是学会学习；②人们开始认识到学习的重要性并将其成为日常生活的一部分，学生的学习动力来自自身，学生与生活联系在一起；③实现终身学习的外在条件是，学习者拥有全面、多样的学习途径来进行学习，而且其学习活动不受时空的限制，能够随时随地开展自主学习活动。每个人都有学习的权利，同样，每个人都享有同等的学习机会和广泛的学习途径。

随着人工智能技术和信息技术的双重发展，具有交互功能的信息资源在网络的辅助下增加了其丰富性，智能学习平台的构建使得受教育者拥有了个性化学习的渠道，各种不同的学习资源能够让受教育者的学习效率有所提升，校园教育的不足和缺陷以及受教育者的需求得不到满足等问题得以解决，人工智能为实践终身学习理念创造了条件。

虚拟化的教学环境、共享化的学习资源以及互动性的教学交往使得学习越来越倾向于学习的社会化。随着人工智能的快速发展，一个不受时空限制、学习机会众多的学习型社会即将到来，因为共享课程资源的丰富性，学习的门槛大大降低，以往必须在大学才能学习的知识，现在在某种意义上对所有人开放，学生成为自主学习的参与者和创造者，学习过程也会充满自由和乐趣，学习成为人们追求自我提升的基本权利。

（二）人工智能为高校教学变革提供了技术支持

根据我国新课程标准，学生的创造性、主体性、合作性是重要的培养目标，利用人工智能技术将可以实现这样的目标，让学生的学习由被动转向主动，创新式学习、合作式学习是新时代人工智能技术环境下教学改革的核心，传统的教学模式将被改变，新的课堂授课模式即将到来，人工智能技术可以为学生创造真实的场景，让学生在自由的空间进行自主学习，这也将会是未来的主流教学模式，虽然学习者是在接受教育，但他同时也是自由的主体。

1.人工智能为教师优化教学提供了技术支持

通过人工智能技术，课程内容将变得更加全面化和多样化。人工智能技术的出现彻底改变了传统授课内容，改变了课程教学的单调性和枯燥性，内容呈现方式更加多样化。人工智能时代，智能学习平台为学习者提供丰富的学习资源，虚拟现实技术使得学习者身临其境般感受知识的巨大魅力，学习者可穿戴设备真正感受知识的巨大潜力。借助人工智能的支持，学习者的学习兴趣大大提升，学生在学习活动中的参与度更高，学习积极性更强，学习效果更佳。

首先，人工智能技术带来的教学数字化，让教师可以自由而高效地编撰课程知识，让教师从传统教学的烦琐的课程内容中脱离出来。因为人工智能的强大功能，教师还可以拥有丰富的教学资源库，选取合适的教学内容为教学服务，而课堂也将成为学生在线上进行自主学习的自由空间。

其次，人工智能技术还将为教学提供多样化的真实场景。借助真实的学习场景，学习者在学习活动中的参与度更高，更加明确学习目标，能够充分进行体验式和探索式学习，在解决问题的场景中进行自由学习。在过去，因为教学手段和工具的有限性，教师难以开展丰富的教学方式，一味地向学生灌输知识，学生学习到的也只是抽象的知识，不能与现实生活产生密切联系，所以难以有效解决问题。借助人工智能技术，教师可以在教学活动中创造多样化的真实场景，同时向学生展示多种教学内容，如文字、图片、声音、视频等，利用各种功能强大的软件系统，教师可以创造自由的场景和空间。以思想品德课程为例，教师在介绍先进人物的故事时，可以借助图片、视频等多种形式来呈现，用多种视听体验来感染学生，以取得更佳的学习效果，学生的学习活动也更加投入。在天文教学课程中，教师可以通过人工智能技术来模拟真实的天文场景，如公转、自转等运动过程，学生在看到模拟的真实场景后，对知识的掌握程度将更加深刻。在进行历史学科的教学时，教师可以选取历史中的考古成就进行教学，利用与历史相关的历史档案视频或图片向学生展现课程知识，让学生在真实感受历史场景的过程中接触到历史知识，加深对知识的掌握程度。

近年来，虚拟技术获得快速的发展，在教学活动中充分使用该技术，通过刺激学生的视觉、听觉、触觉等，可以为学生创造一种模拟现实的真实场景，让学生在模拟的场景中进行自由学习和体验，让学生犹如身临其境，仿佛接触到真实发生的事件，充分提升学生对知识的理解程度，这样的教学方法，学习效果更佳。

最后，人工智能技术可以为教学提供交互支持。根据相关学者的研究，高效教学的前提之一是师生间自由的互动，然而，因为各种条件的限制，在传统教学活动中，师生之间的交互不够充分，存在明显的信息不对称现象，学生在教学活动中是完全被动的，只能跟随教师进行被动学习。在传统课堂上，教师需要一人应对多位学生，大部分学生难以表达自己的思想和观点，只有少部分学生才可以充分表达自己的观点，因为信息交流少，所以课堂的教学效率也较低，学生对知识的理解有限，教师的教学达不到预期的效果。

随着人机交互技术的快速发展，新的人际交往平台已经出现，教学信息的传递不再是单向而是多向的，在教学过程中，师生之间的互动更加频繁，教师可以随时看到学生的反馈信息，从而向学生提供个性化教育，对学生开展针对性的培养。师生之间可以通过多种信息交流软件进行充分交流，而且交流信息的过程更加自由，学生在学习中遇到问题时，可以随时向教师反馈，教师可以根据学生的反馈开展自由教学，随时答疑解惑。借助网络教学渠道，某一专业领域的专家也可以参与教学活动，在线上进行交流，师生之间体会到自由的交流，学生的学习动力更足。

2.人工智能为促进学生自主学习创设了学习生态环境

所谓自主学习，指的是学生自主参与学习过程并且自主坚持进行学习，发挥创造性。在自主学习中，学生的学习动机是发自内心的，学习者的学习责任感更强，可以在学习过程中进行自我调节，朝着学习目标不断前进，运用更自由多样的学习策略，对各种学习资源进行自由学习。

人工智能技术可以为学习者创造多样化的信息资源。在传统学习活动中，学习者的学习情况既受个人主观意志的影响，也需要恰当的学习环境来支持。但是在理想的教学活动中，学生可以进行自主学习，自主利用教学资源，自主解决所需问题，学习活动成为学习者进行自由体验和探索的过程。所以充足的学习资源和学习工具是学习者进行自主学习的必要前提，良好的信息技术环境应该是支持学生进行自主学习，不受时间控制，学生可以自由进行自主学习。

借助人工智能技术，丰富的课程资源选择成为可能。学习者在自主学习过程中可以充分使用线上的多种学习资源，学生可以随时查找需要的学习资源进行自主学习，如文本、图片、视频、声音等，这些学习资源完全突破了传统意义上的学习资源，可以帮助学生更好地学习知识，开展创造性学习活动。

人工智能技术提供了强大的交互工具与合作平台。利用多种形式、功能强大的网络平台，学习者可以在线上开展多种形式的学习模式，借助信息技术进行多样化的学习模式，学习活动种类更多，学习者的学习动力也更强大。另外，人工智能技术可以提升学生的自主学习意识，强化学生自主学习的能力。

借助人工智能技术，迎来的是自主学习时代，学生可以进行充分的自主学习，主要原因包括以下四个方面。

第一，人工智能技术满足了学生的学习渴望。人的属性之一是主动性，每个人都是独立的个体，在本质上都不愿意被他人控制，所以每个人都渴望可以进行自主活动和选择，人一旦做出自主选择，并进行相应的活动，人的精神就会是愉悦的，因为那是自主做出的选择和活动，相反，如果一个人被外界的事物控制内心会感到不平衡。发达的信息技术可以让课程内容更加丰富多样，向学生展示多样化的信息，激发其学习兴趣，与此同时，学生在利用信息工具进行自主学习的过程中，会体验到自我控制的快乐和自由，感受到自己是主人，所以在进行学习时的学习成就感和价值感也更强烈。

第二，自主学习过程中，学生可以获得强烈的自我效能感。在信息技术基础上进行自主学习，学生所掌握的学习知识更加丰富和多样，学生逐渐可以学习复杂的学习知识和技能，掌握难度更高的知识和技能，在这样的过程中，学生的自我效能感持续提升，最终达到一个新高度。

第三，学生的自我管理能力持续增强。通过虚拟现实技术、信息技术等带动学生进行自主学习，学生可以进行自我调整，可以根据自己的学习进展和学习动态，自我定制合适的学习方案和计划，让学习活动控制在自己的最近发展区内，通过持续的尝试和练习，学生的自我管理能力持续增强，此外，学生可以利用档案评价技术，对自己的学习成果进行评价，在学习过程中不断进行自我反思和调整，不断改进自己的学习活动。这样的自我反思和自我调整能力还可以被学生迁移到其他场所，让学生真正感受到学习的乐趣所在。

第四，通过发达的信息技术，学生在自主学习过程中还会收获一种强烈的情感体验，感受到自我价值的满足，感受到自己被尊重，感受到自身适应社会、与他人交流的能力有所增强，在和外界不断接触的过程中持续提高自身的学习能力和调整能力，获得他人的肯定，自我价值感得到进一步满足，获得多方面的收获。

第四节　人工智能时代教学活动要素的变革及新理念

时代的发展驱动教育的变革，人工智能与教育相互融合也越来越成为研究者们关注的热点。人工智能时代的高校教学变革也将会掀起人类学校教育史上的新一次课堂革命。在教育信息化与教学深度融合的趋势下，加上信息技术和人工智能技术的迅猛发展，传统课堂教学已经受到越来越明显的冲击和影响。本节利用访谈法和案例分析法，探究人工智能在教学内容、教学目标、教学环境和教学评价等层面对于教育产业整体产生的影响和变化，进而针对人工智能发展阶段的高校教学变革提出新的看法。

一、人工智能时代教学活动要素的变革

为了深入分析在人工智能时代有关教育工作的变革，本节结合对相关学者的访谈内容进行梳理，拟从教学目标、教学内容、教学环境、教学评价这四个方面来解析人工智能对教学活动要素方面的影响。

访谈片段：

研究者：您认为人工智能时代的教学环境将会有哪些改变？

某学者：教学环境在技术的发展下被不断优化。在教学中从早期的留声机到远程教学中无线广播的应用，再到教学中电视机辅助教学，再到现代教学中多媒体计算机、网络的使用，再到大数据发展下的校园数字化、城市数字化等，这些技术的使用都发挥着举足轻重的作用，有效地促进了教学环境的发展。人工智能时代最显著的特点是智能化，随之便出现了智慧教学环境，它是将学习场所或活动空间变得更加智能化，主体是以学习者为中心，用各种新技术、工具、资源、活动作为支撑，显现出灵活性、智能性、开放性等特点，学习者的学习在这样的教学环境下变得更加轻松，更有助于个性化学习的实现。

研究者：您认为人工智能对教学的影响体现在哪些方面？具体情况会是怎样的？

某学者：人工智能为教学过程提供了前所未有的智能化支持，课堂教学变革已经被教育人工智能影响，在教学方面、学习方面、诊断方面、测评方面、陪伴方面以及情景创设中都发挥着重要作用。第一是智能化的教学辅助功能。智能化教学工具的出现对教师的工作起到了一定的辅助作用，为解决教师在教学工作中的问题提供了技术支撑。第二是个性化的支持学习功能。人工智能能够根据学生的需要和特点提供适合学生发展的学习内容，人工智能的自动调节系统可以根据学生的特征提供适合的学习路径，使其学习过程得到优化，促进个性化学习的实现。第三是精准的诊断学习功能。人工智能的大数据分析功能能够根据学生的个性特点进行过程监测和分析，对学生的学习情况进行精准的诊断。第四是智能化的学习测评功能。人工智能技术使得教学评价更加科学化，使得评价标准、评价方式、评价主体以及评价功能都走向多元化。第五是智能

化的学习陪伴功能。人工智能可以扮演多重角色与学习者进行沟通和互动，更加实现了寓教于乐的重要理念。

研究者：您认为目前在教育领域中人工智能的应用范围是如何的？

某学者：在教育领域中，人工智能的应用主要体现在以下几个方面。第一，我们的学习环境在人工智能下变得越来越智能化。例如，学校中的智能安全预警，通过学校门口的摄像头就能够识别出不法分子；光电笔的使用让学生的书写变得更加自然，学生可以对数字化后笔的轨迹进行分析，这便是典型的智能化的校园环境。第二，我们的学习过程在人工智能下变得越来越智能化。人工智能技术会支持学习过程，如教师可以通过人工智能提供的数据更好地了解每一个学生的学习状况，学生也可以通过人工智能获取自己所需要的学习资源，学习者还可以去探索通过人工智能和虚拟现实结合提供的虚拟环境。可见，人工智能可以在学习环境、学习过程方面提供强有力的支持。第三，在学习过程的评价中人工智能具有很重要的作用。人工智能可以帮助教师对学生进行全面的综合性的评价，对学生的评价不仅局限在知识层面，还能对学生解决问题的能力进行评价，这样的评价可以大大减轻教师的工作量，有助于教师有效地促进学生的个性发展。特别是人工智能在英语口语测评方面的使用取得了很大的进步，以后人工智能会在很多方面支持教学。因此，在教育评价方面，人工智能发挥了很重要的作用。第四，人工智能可以辅助教师完成工作。一个教师面对众多的学生，很难实现对学生的个性化反馈。而智能出题、智能批改、智能阅卷及智能辅导等，可以自动生成评价报告，并根据学生的个性提供相应的反馈，在人工智能的帮助下，能够实现对学生的个性化支持，同时大大减轻教师的工作量。

研究者：您认为人工智能将会给教学带来哪些方面的变化？

某学者：技术会给教学带来一定的影响，其主要体现在工具、媒体或者环境等方面。第一，人工智能的发展使教学工具和学习工具得以优化，学生在智能环境下可以进行自主预习，教师通过智能化教学平台提供适合学习者需要的学习资源；学习者还可以通过智能化学习软件进行知识的巩固。这些对教师的教和学生的学都具有一定的推动作用。第二，学习者对学习资源的获取变得更加便利。学习者可以在自适应学习推送的资源中找到自己所需要的信息。第三，人工智能对教师的工作起到了辅助作用，促进教师工作的有效完成。教师在教学过程中可以根据人工智能技术生成的个性化的教学内容，以及对实时监测的教学过程的分析来对学生进行精准化的教学指导。教师要在教学的过程中引导学生学会思考，帮助学习者通过自适应平台来进行新知的预习，并引导学生能够进行深度学习，帮助学生不断提高自己。第四，教学评价由人工测评转向智能测评，有助于教学评价多元化的实现。因此，在教学方面，人工智能起到了一定的支持作用，学生的学习也转向了混合式学习。

研究者：您认为人工智能时代教师在教学过程中应该有哪些转变？

某学者：第一，人工智能时代教师不再是教书匠，教师的主要工作由教书转向育人方面。教师的专属任务不再只是课堂的讲授、知识内容的答疑和批改作业等教学环节。人工智能帮助教师从日常需要花费大量时间完成的简单的重复性的工作中解放出来，教师要更多地去关注教育活动中复杂性、情感性、创造性和互动性等方面，与人工智能优势互补，协力合作，实现高效的学习效果。第二，教师要成为课堂关系的引导者。人机关系是人工智能时代的基本关系，教师自身应当有所认识，在教育过程中增加了机器人这一元素，课堂必然会有所改变，应当帮助学生更好地适应这个过程，从而构建起理想的人人、人机关系。第三，教师要主动成为新型学习方式的引导者和陪伴者，未来主要的学习方式将会是个性化的、定制化的和弹性化的，教师要有效引导学生转变学习方式。第四，教师要提升沟通能力，成为学生心灵的倾听者。人工智能时代，教师要从人的本性出发，深入学生的内心世界，了解学生内心真正的需要，与学生进行多方面的沟通。第五，教师要通过多方资源，为学生创设良好的学习环境。人工智能能够为教师提供海量的信息资源，因此教师要运用丰富的学习资源为学生创设良好的学习环境，让学生在丰富多样的学习环境中快乐成长。

访谈结果分析：基于对以上访谈内容的分析，本节尝试从教学目标、教学内容、教学环境、教学评价四个方面来探讨人工智能时代引发的高校教学变革。

（一）教学目标的变革

自动化越发成为人工智能时代行业生产方式发展的新方向，产业结构和劳动力市场体系都体现了这一趋势。从传统意义上来看，能够成为在某方面有所建树的知识工作者如律师、医生等，是学习者接受教育的动力所在。但在该背景下，知识工作者处理的大部分问题都可以依靠智能机器人处理，一些时候机器人的工作表现更佳。由于人工智能技术的发展，在过去的社会发展当中产生的劳动力市场架构、就业体系全部发生了重大的改变，这样的重大改变深刻地影响了教育本身。由于工业社会发展产生的功利趋势在这样的背景下需要被褪去，对人类智慧和人工智能的差别之处需要人们重新思考，呼唤人性本质的觉醒。进入新的时代，人类自身的价值与定位会被重新定义、被重新探索，人才的定义也会发生变化，因此推动了教学目标间接地发生变革。

2016年，我国发布的《中国学生发展核心素养》，目标是解决中国的教育应当发展怎样的人才的问题。详细来讲，代表了受教育者在不同层面的能力与素养能够达到适应社会环境变化和推动自身终身学习的水平，具体来说包含了人文、社会责任、科学研究以及历史文化等不同的素养。在欧洲的诸多国家当中，基础教育产业最具代表性的是芬兰。芬兰政府不但关注学生自我表达、独立思考、知识获取能力的发展，同时也关注学生日常生活技能、自我保护能力、自主学习能力和创新性的培养。

现今，教育政策在人才培养目标方面做了长远的思考，能够明显地展现人工智能等技术的发展，同时表现出动态性、科技化和迭代速度快的特征。所以对学生自身的创造力、交流合作能力、灵活适应能力、自主学习能力等都要有足够的关注。但实际上在教育工作当中，一般需要较长的时间才可以达到这种效果，因此在现有技术迅速发展的环境下，应当调整人才培养的基本目标，同时对教学系统设计当中的教学任务展开引导。

为了加深学习者的理解和认识，本节通过"Why-How-What"模型针对人工智能和布鲁姆教学目标分类理论中的记忆、理解、应用、分析、评价、创造六个层次的关系展开分析，也就是判断教学任务在不同层次发生变化的原因和具体过程，同时分析涉及人工智能之后，教学任务在不同层次的具体情况，详情可见表5-2。

表 5-2 人工智能对布鲁姆教学目标分类理论的影响

层次	Why	How	What
记忆（回想事实以及基础性的概念）	人工智能系统使学习者能够在需要时快速获得事实和概念，特别是那些专业、详细和特定领域的事实和概念。学习者需要核心事实来支持高阶思维的培养	人工智能系统会依据每个学习者所需的时间和节奏提供事实性信息的个性化指导。教师和课程设计者确定学习者所需要的基本信息	学习者将学习人工智能世界中的基本概念
理解（解释想法和概念）	人工智能系统依靠机器学习等手段加深对概念的认识程度。人类的角色可能演变为协助人工智能完善对事实性概念的理解	人工智能系统根据学生先前的理解、兴趣和需求，为学生提供个性化的学习途径。教师会调整或监控学生和人工智能导师的表现	学习者对人工智能的基本理论如机器学习有个人理解
应用（在某些情况下应用这些信息）	人工智能系统可以将获得的信息应用于新情况。但在复杂和新的情况下，仍然需要人类去重新应用知识	教师设计学习体验，要求学习者将知识应用于新情况，在这一过程中提供人工智能的访问，从而通过及时的反馈和教学支持来支持学习者	学习者探索日常问题和活动，并确定哪些活动是可以通过人工智能解决的

层次	Why	How	What
分析（在不同观点之间建立起联系）	人工智能可以进行一系列分析活动，并利用已有的经验细化这些活动。分析过程往往以人类的需求为导向	教师设计学习体验，要求学生分析信息，并通过人工智能系统来搭建脚手架，生成活动场景和提供反馈来支持学生	学习者创建一个概念图，根据人工智能应用的适用性，将许多日常问题、活动进行分组
评价（确定立场和意见）	在评价方面，人类可能比人工智能表现得更好，特别是在政策、哲学、价值观和文化背景下的评价	教师与学生设计需要评估观点和解决方案的学习经验和任务。人工智能在较低层次的认知支架上支持学习者	学习者就人工智能在未来的作用和影响确定自己的意见
创造（制作新作品或原创作品）	人工智能可以很好地支持创造力设计和构建，但创新和创造力仍然是人类的竞争优势	教师与学生创建需要创造性解决方案的新颖学习经验和任务。人工智能在较低层次的认知支架上支持学习者	学习者创造人工制品来想象人工智能世界的未来

　　"Why"代表对教学任务展开变革的原因，人工智能对某个层面的认知目标将产生怎样的影响、对过去设计的目标又会产生怎样的影响。"How"重点分析导致变化的内容，师生双方发挥了怎样的作用，人工智能系统又发挥了什么作用。"What"代表研究通过和人工智能技术的融合，不同层级的发展目标会变成什么。

（二）教学内容的变革

　　教学内容具体来说代表校园教授给学生的习惯、行为、言语、信念、观点、思想、技巧、技能以及知识等要素的集合。不只包含了单个知识层次的内容，同样也包含了思想行为习惯和能力培养等更加宽泛的、抽象的内容。教学内容在教学系统中占据了重要的位置，因此其也必然会出现变化。本节重点通过下面三方面对人工智能技术发展环境下教学内容的变化展开阐述。

1.新增与人工智能相关的课程

　　目前大部分国家都认同在基础教育时期开展人工智能教育，同时也有许多国家在提倡将人工智能划入技术类教育范畴，同时可以推动高中教育时期人工智能课程的落实。过去的新课标当中，对人工智能课程的要求是让学生体会、了解人工智能技术，偏向价值观与情感教育，因此人工智能教育与信息技术相关课程的融合，教学成果并不明显。但是根据2018年公布的《普通高中课程方案和语文等学科课程标准（2017年版）》，开源硬件项目设计、三维设计与创意、数据与数据结构和人工智能初步等都被列为选择性必修板块的内容。与过去着重强调基础软件应用的区别在于，新课程标准显著提高了对人工智能、开源硬件、网络安全以及计算思维等有关的知识的要求，使得教学成果更加显著。我国各大学术机构在2018年先后发行了关于人工智能的教材。例如，被称为世界首个中学人工智能教材的《人工智能（初中版）》以及《人工智能基础（高中版）》，同时还有华东师范大学出版社出版的《AI上未来智造者：中小学人工智能精品课程系列丛书》。各种人工智能有关教材的出版不但表明了人工智能教育逐步进入基础教育领域，同样对教育工作者更好地落实对人工智能教育的工作起到了推动作用。

现在在我国的高等教育产业当中，人工智能领域出现了包括深度学习、机器学习等与人工智能相关的重要分析工作，更有一部分在广义信息论、生物医学等重要学科运用人工智能的相关分析工作。在我国的科研产业当中，高校科研是非常重要的构成部分，引导了我国科研的基本潮流与方向，面对目前人工智能的发展环境，需要投入足够多的人力、物力资源到人工智能产业当中，同时不断提升学生对目前的科学技术的理解和认识水平。

2. 关注人机协同的能力

目前来看，人类社会正在渐渐从以数字技术为中心的信息社会步入以智能技术为核心的信息社会时代，也就是所谓的智能时代。在将来，人机协同工作有很大概率变成主流方向。人工智能不仅可以通过依靠保留操作记录、转变任务表征方式以及承担认知压力等途径帮助人类更有效率地处理各种复杂问题，也能够依靠和人类的合作形成合力，从而逐步加深理解，更有效率地达成认知目标。《人工智能标准化白皮书2018版》同样提到了现在的人工智能技术发展目标，即怎样把机器和人联系起来，从而建立强型混合智能体系。要想达成这样的目标，我们也要时刻观察将来的技术发展趋势，掌握有关技能，顺应时代潮流。

假如教师或是学生中任何一方难以适应将来人工智能和人类共处的情况，那么教育产业的发展必然是不容乐观的。所以，全体人类，尤其是教育产业从业者更应当深入地掌握人机合作的特点，明确人类智慧和机器智能的内在联系，从而达到人与人工智能共存的效果。

3. 关注人文学科的知识内容

教育部2016年公布的《中国学生发展核心素养》，提到了"主要表现描述"

以及"基本要点"等内容，详细介绍了诸多关键的、高级的、共同的素质，绝大多数素质实际上都是"软素质"。不仅如此，对国家课程标准展开变革的目标是培养出优秀的设计型、研究型人才，应当把教育内容聚集到人类具备优势的范畴当中，而人文科学目前探究的问题，恰恰是人类的优势领域以及"软素质"，相当于人工智能难以应对的领域。各种人文学科，包括哲学、社会、人文、艺术以及美学等，都针对和人相关的内容展开了分析，坚持不断地产生新知识。其和理工科的区别在于，并没有确切的答案或是成果，因此认知科学获得重大发现以前，教学内容同样应当重视对学生人文素质的培养，提高学生的创新能力，转变过去死板的教育方式。

（三）教学环境的变革

一般来说，教学环境非常复杂，具有诸多的要素，而学术界对此的理解包括狭义和广义两种。狭义的教学环境代表在班级内与教学相关的各种因素，包含班级氛围、规模以及师生关系等。广义的教学环境代表和学生教育工作相关的包括心理环境和物理环境等的各种因素。

同时，在教育技术理论当中，教学环境、学习环境这两个概念是等同的，在内涵上不存在差异。吴鹏泽等则提出，学习环境应当包括学习社区、技术工具、信息资源、社会心理情境以及物理情境等因素。以钟志贤为主要领导者的专家关注在学习过程中客观环境产生的影响。其提出，有效地进行学习生活的重要条件就是理想的客观环境，客观环境直接关系到了最终的学习成效。教学环境自身的内部结构、角色定位以及功能等要素由于技术的影响逐步产生了重大的改变。历经官学、私学等过程，最后发展成为具备现代特征的教育环境——班级授课制。本节笔者综合对教学环境的深入研究，从物理环境、信息资源和互动形式等不同的层面详细介绍在人工智能时代教学环境会出现怎样的改变。

1. 物理环境

以空间布局情况来说，进入人工智能时代，空间布局整体会更具层次性、灵活性。首先是层次性，空间布局发生的这种变化为人工智能技术支撑下的差异化教育以及混龄教育创造了条件。依靠隔间等方式创造较为独立的教育空间，从而推动不同教育活动的进行，保证小组或是个人在异步学习的基础上，互相的影响被削弱。其次是灵活性，因为教学任务受到人工智能的影响发生了变化，因此以项目为基础的教学工作、自主研究学习、人机协同合作学习等不同的教学组织方式在教育工作当中会被广泛应用。这意味着教学环境需要有可以灵活切换的物理环境。不仅如此，在教学条件下的桌椅摆设、色彩、明暗、湿度以及温度等因素都能够按照学生自身的需要和师生交流展开调整。教学环境和人工智能技术融合之后，不但可以让师生双方拥有更好的课堂体验，更能够随时感应学生的学习状况，从而改变推送方式。

2. 信息资源

对教学环境的构成要素——信息资源，人工智能技术同样会产生影响。以信息资源的生成途径来说，在人工智能环境下，其生成途径会从过去的普适性学习渠道和静态的学习过程转变成差异化的学习资源的方式，以及动态地生成资源；以信息资源的组织方式来说，按照学生的具体情况，会把符合学生状况的个性化学习内容、规划和资源迅速发放至学习终端，并且教育过程不会因为信息传递的过程受到影响；以信息资源的承载媒介来说，其不只能依靠已经出现的交互式白板、无线投影机等设备，更得依靠先进的 3D 打印机、虚拟现实设备和教育机器人、智能教学平台，上述设备都能够让师生双方更便捷地完成对资源的获取和学习。

3. 互动形式

依靠语音互动、视觉和触觉等智能技术的支撑，人机界面交互越发趋向于模糊，整个过程更为顺利、便捷，不再需要依靠外挂完成。过去主要依靠线上空间的教育模式逐步变成了线下、线上相结合的模式。并且在智慧教学背景下，诸多数据处理能力非常强、内存足够大的集成终端也可以保障互动过程的流畅性。不仅如此，依靠智能教学环境，可以对存储空间当中所有师生的操作过程展开记录、追踪，从而更好地帮助教师展开决策、帮助学生自我评价。

英特尔发布的宣传作品《桥梁工程》中展现出了许多的智能技术，具体来说包括 3D 打印机、集成学习终端、多屏互动、无线网络以及自然交互等供学生操作的智能化互动学习平台。依靠智能化教学环境，以项目学习为基础的教学组织方式能够更好地支撑教学系统主客体的智慧发展。这一事例表明依靠人工智能技术，互动教育步入了全新的阶段。

（四）教学评价的变革

在过去的教育条件中，很难真正落实过程评价、个性化教育，因此对学生的学习成果展开评价常常需要依靠纸笔测试，偏向于结果评价、群体评价，忽略了和个人情况相适应的个人成长、过程评价。明确的设计评价应当遵守基本的准则，校方应当对形成性评价、总结性评价展开调整，同时需要把各类评价划入持续开展的教学工作当中，同时评价本身应当有所侧重，不应当五花八门。

进入人工智能发展阶段，应着重强调人工智能技术具有的创新性，针对各种和学习相关的要素展开评价。

合理运用人工智能技术，落实个性化学习评价。依靠大量的数据资料对师生交流情况、学生大体状况以及教师评语、学习途径等各种线上的学习过程展开评价，从而精确地掌握学习者在学习当中的具体行为情况，进而完成对学生的个性化、过程性评估。同时，应当通过知识清单、知识地图方式对学生完成评价，从而形象地展示出学生自身的知识学习状况，从而避免结果性评价的不足与缺陷。应当注意，关注过程性评价，不代表要完全放弃总结性评价。在人工智能环境下，教学评价应当具备总结性、过程性以及个性化等特点。

二、人工智能时代高校教学变革的新理念

下面对高校教学变革的新理念进行分析。以人工智能为背景，分析高校教学变革的新理念能够为人工智能时代高校教学变革提供依据，具有承上启下的作用。下面针对人工智能时代高校教学变革的新理念，采用案例分析法进行分析。之后再对案例进行相关分析，从课堂智慧化、个性化教学以及自适应与混合式学习等不同的层面研究人工智能时代高校教学变革的新理念。

案例一：

以柏林工业大学的人工智能聊天机器人亚历克斯（Alex）助教为例。自2017年起，柏林工业大学所有学生都能够和智能聊天机器人亚历克斯接触。学生能够有选择地与亚历克斯交流、互动，在课程的具体信息方面学生不再需要通过在线时间表来搜索，只需要将正常的问题和需求输入给亚历克斯，亚历克斯就可以进行相关问题的回答，如对学生来说，常见的问题有课程的具体上课时间是什么时候？授课教师是谁？要参加哪些考试？亚历克斯都可以进行流畅的回答，同时还会向学生提供一些其他重要信息，满足学生的更多问题需求。

亚历克斯是由柏林工业大学的博士生和其他研究人员共同研发与制作出来的。研究者在分析过程中设计了一项试验，规定30名学生通过学校目前的课程体系测评亚历克斯的情况。应用机器人之后，能够让学生以更高的效率寻找到对自身有用的信息。学生在使用机器人之后，完成任务的时间只需要1 min，但是如果使用现有的其他系统，完成相同的任务所需花费的时间将需要5 min。参加完试验后，所有学生对亚历克斯的可用性评价都很高。

案例分析：亚历克斯是一款智能机器助教，可以帮助学生在学期初高效率地挑选和组织新课程，大大节约了时间，学生认为亚历克斯可以和人类进行互

动交流。在许多大学内，普通机器人只能帮助学生查询关键词，然后依据该关键词找到学生需要的答案，但是亚历克斯可以理解一整句话，不仅仅是某个关键词，它还可以尝试缩小搜索范围，只需要短短几秒钟就能解决学生需要花费大量时间查询的问题，节约学生的查询时间。

在与学生进行交互的过程中，亚历克斯人工智能聊天机器人经过对自身取得的数据的研究，可以试图掌握学生提出某一问题的实际目的，让每一个学生得到符合其实际要求的结果，依靠差异化服务提升学校教育工作的效率。

案例二：

美国普渡大学借助大数据分析技术，推出一个课程信号项目，用教学评测来干预教学行为。目前，该系统已经实现了商业化，在美国许多大学都已使用。

课程信号项目的原本目的是促进学生学习进步。该系统的主要任务是收集学生在学习过程中的信息数据，对这些数据进行汇总和分析。然后在这些数据基础上利用 SSA 算法预测每一位学生的学习行为，旨在发现学生在参与这一课程的过程当中有无错误理解的风险。该课程的教师能够依靠平台方提交的算法、模型，在教学过程中针对学生的学习成果和状况展开研究，之后进行介入，从而让学生获得符合其实际情况的课程种类、资源。进行分析时，重点获取的信息包含学习行为、课程表现、学习特征以及最终成果等，通过提供及时的信息反馈，分析学生的学习行为和表现，对其中的不良状况进行干预。通过该系统的应用，普渡大学的学生不管是学习效果还是学习成绩都明显比之前获得大幅度的提升，可见该智能化平台在实践应用中的效果比较出色，也正是基于这样的效果，其他学校也纷纷进行模仿，同时采用了该系统。

对这一智能系统的运用让普渡大学的学生成绩、学生保有率有了明显的提高。

针对 2007—2009 年的学生保有率资料展开研究之后，发现选修使用课程信号信息系统的学习者，最终的保有率显著超过没有采用这一系统的学习者。同时，利用课程信号系统之前、利用课程信号系统之后的相同课程，学生最后获得的成绩也有差异，应用之后，成绩判断 D、F 的比例降低了 6.41%，成绩判断 A、B 的学生比例提高了 10.37%。

案例分析：课程信号项目的研究和推进中使用了大数据技术、人工智能技术、深度学习技术等，对学生在学习过程中表现出来的数据信息进行了全面收集和分析，在此基础上分析学生多方面的学习数据，帮助学生找到适合自己个性化学习的方案和计划。教师也可以随时上平台进行查看，根据学生的反馈随时调整自己的教学计划，展开创新化教学。在人工智能的帮助下，师生之间的关系也更加和谐，推动教学改革事业发展，实现个性化教学。

案例三：

亚利桑那州立大学的主动学习与奈顿（Knewton）自适应学习系统。亚利桑那州立大学教师于2011年通过分类教学模型调整了过去的教育模式，把学生自适应技术和主动学习综合了起来，开发出一款智能化教学应用平台，如图5-2所示。金字塔的底部代表着作为主体的机器，主要功能是借助智能化技术，帮助学生更好地完成整个学习过程以及对各种记忆性知识的获取。在金字塔上端，教师占据了主导地位，基本作用是和学生展开交互。

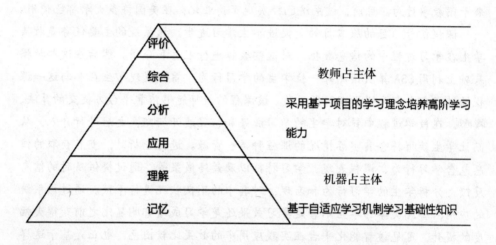

图5-2 亚丽桑那州立大学的智能教育应用层次图

教育过程中添加了自适应学习技术之后，学生能够按照自己的实际需求完成学习过程，同时也要选择符合自身需要的教育内容。此外，这样的课堂教学模式主要是自主学习，教师和学习者需要进行面对面的沟通，在活动中完成学习任务。

教师需要发挥出自身作用，对学生加以引导，引导学生进行主动学习。虽然学生要进行主动学习，但是教师在其中的参与度很高，在传统教学模式中，教师在课堂中占据主导地位，教师的主要目的只是传递知识信息。在以主动学习为主的课堂教学活动中，教师仍然控制着课堂走向，但是课堂的教学活动开始朝着多个方向发展，可以随时应对各种可能出现的意外情况。在教学过程中，智能技术对教学和师生同时产生影响，教师、学生、智能工具之间形成良性的互动关系，在人机交融中进行高效沟通，学习者可以获得个性化学习内容，教师也可以进行自由教学。通过充分的人机互动，教学的个性化特点更加突出，技术和教育被深度融合。

结果表明，至 2018 年，人工智能技术对这一学校的影响是有利的。自适应学习者、教师在这个教学系统当中充当了主体的角色。过往的七年，该校总共有超过 65 000 名学生采用了这一自适应学习系统，同时也有总共 12 门课程参考、应用了自适应系统。以该校创办的生物学导论课来说，过去这种课程的教学方式是课堂教学，退学率始终在 10% 上下，大概 77% 的学生成绩在 C 级之上。在运用了自适应技术之后，通过教师的配合，学习该课程的学生对课程的认可度有显著提升，到 2016 年年初，这门课程的退学率降低到了 5%，有 91% 的学生最后取得的成绩在 C 级之上。

案例分析：上述案例当中，技术通过生产力形态的方式，改变了教学设计要素当中的主体和客体，教学工作的主体从过去的学生、教师两方转变成教师、学生、人工智能三方，同时依靠人机融合交互的方式，让教师拥有更多的精力落实高效的教育手段，使学生获得差异化的教育。人机融合生态环境建立之后，提高了教育教学过程的差异化、个性化，推动了教育工作与技术手段的深刻结合。

通过对以上案例的相关分析，可见传统的学校教育在基于人工智能技术的应用中焕发出一片新的生机。在未来，学校中教学模式的大规模化体系将会转向更具创新性和以学生为中心的个性化教学。我们一直追求的个性化教育和因材施教的教育理想将会在人工智能技术的支持下或许可以真正实现。因此探讨人工智能时代的新理念对高校教学变革具有抛砖引玉的作用。

（一）课堂智慧化

1. 学习环境智能化

传统的教学活动存在诸多缺点，但进入智慧课堂时代后，以前的线下教室转变为线上课堂，凭借信息技术的支持，智慧化课堂就此实现。根据国家相关部门的最新教育信息化政策，实现教学信息化的目标是建立灵活、智能的教学新环境，而当前新出现的包括虚拟现实、大数据以及人工智能等技术手段都能够达到智慧课堂的效果，促进教学环境走向智能化，改变师生之间的互动模式。线上成为课堂最直观的呈现方式，教师也不用为了制作 MOOC 和微课花费过多时间，这些教学方式将成为日常，借助发达的互联网技术，网络课堂将实现教育活动的高度智能化，在线上大量分析信息内容，虚拟助手也会帮助学生进行认真学习，传统的线下课堂教学模式将成为过往。

随着教学环境的智能化，学生的学习场景也变得更加智能，这也是人工智能时代课堂模式的主流，学生可以借助各种新技术感受到直观的学习体验，在全身心投入中进行深度学习，学习积极性被彻底激发，利用线上功能众多的智能系统，学生的学习活动也将变得更加高效，教师的教学质量也将大大提升，这也是智能化课堂的最终目标。

2. 学制制度弹性化

人工智能时代，教育的发展也进入全新发展时期，传统教学模式所依赖的时空被突破，弹性教学模式出现。近些年，网络空间时代已经到来，学生可以在智能手机或计算机上进行自主学习，自己安排学习时间，学习活动更加自由，学习场地也不再受到限制，学习内容将变得更加广泛和多样。

首先，学校将走向平台化，学校不再是学生进行学习的必要环境，突破学校界限的学习和学业评价也自动生成，各具特点的人才成长体系和辅导平台成为学校转型的必然之势。学校不再以考试分数的高低来作为评价学生学习成果的标准，学生学习过程中对遇到的重难点可以进行反复学习，学生自由安排学习时间，自由完成对学习过程的计划。其次，进入人工智能发展阶段之后，教学过程当中的时空被彻底颠覆。随着互联网技术不断大阔步向前发展，互联网的发达信息技术可以帮助人类实现突破时空限制的连接，所有人都可以在互联网上接收所需要的信息。学习活动也不再受时空的限制，学生可以随时随地进行学习，按照自己的标准和计划安排学习，学生个人的兴趣和性格成为学习的重要依据，可以根据自我需求进行学习活动。最后，传统的班级授课制被打破，混合年龄编排学习成为常态，教育周期弹性化，学制灵活化。未来，弹性学制和家庭学习将在大数据技术的发展下有效实现，学习成为生存的需要并伴随人的一生。学习并不是人在某一特定阶段的要求和任务，学习、就业和创业被混合打通，促进学习活动走向更加创新，促进学习者的学习活动向终身学习发展。

3. 学习内容和资源开放共享

在信息迅速发展的时代，信息的传播速度具备及时性，信息的发展带动资源的共享，在信息技术环境下生活、学习和成长的新一代网络原住民，他们能够在先进的技术的支持下获得全天候的信息和资源。现如今，全民处在一个信息化的时代，所有人被网络覆盖，所有人都可以在互联网上进行信息搜集和获取，信息传播手段变得极为丰富，借助智能化的学习平台，每个人都可以在网上搜集和学习需要的信息，在信息技术的发展趋势下，共享课堂的建设成为可能。即使学习者所在地域和年龄存在较大差异，也可以学习一样的课程，依据人工智能技术发展的虚拟助手和教师，可以全天候陪伴学习者，帮助学习者进行顺利学习，这种情况下的技术可以很好地帮助学生完成学习过程，因此也让师生关系变得更为理想，显著提高了学生的学习成效，缩小了学生因为地域差异而导致的教育上的不公平，满足了所有学生共同的学习需求。共享学习中心和平台将在互联网新技术的发展下受到颠覆性的影响，从而课堂教学资源不足的问题将从根本上得到解决，使高效和便捷的教育与学习、多样的课程形式、丰富多彩的学习内容有效实现，共享内容和共享资源的学习时代已然来临。

4. 大数据驱动教学

首先，在学习大数据的收集、分析和应用基础之上建立的课堂教学将会是未来课堂教学发展的趋势。在物联网、互联网、云计算以及大数据等技术不断发展的背景下，目前移动终端早已走进了学校课堂，学生能够带着智能设备到课堂上进行学习，教材和教辅也将走向电子化，学生会身着可穿戴设备，该设备会随时记录学生的学习活动，储存学生的学习轨迹。无论是在课堂上还是在课堂外，智能设备都会收集大量的学生学习数据，综合成大数据分析学生的学习活动，大大提升学生的学习效率。

其次，凭借线上数据信息的传播，教师可以更加高效地组织和评价学生的学习活动。在发达的信息技术下，教学活动中的知识信息能够被更加高效、顺畅地传递，学生获取的信息的宽度、深度、广度在大数据的记录下将会有所不同，精准推送服务将在大数据的分析下实现。线上智能系统可以全天候记录学生的学习信息，把学生的学习过程用数据记录下来，准确记录学生学习活动中的每个环节的信息，然后对学生进行有针对性的指导。此外，学生的学习信息可以快速传递给教师，教师可以根据学生的学习信息安排教学计划，反思自身教学行为，预测未来的教学活动。在未来，教学课程将不再是在封闭的场所中进行，而是在基于互联网的线上空间展开，学生可以与教师在线上进行充分互动，高效率、个性化、智能化的智慧课堂时代即将到来。

（二）个性化教学

当今社会已经进入信息化社会，先进的信息技术已经渗透到社会发展的各个领域中，生产活动不再是单一重复的，而是转向个性化、智能化的制造模式中，具备强大创新能力的人才在未来将成为社会所需要的人才，这也将成为教学活动的重要目标。

1. 个性化学习中心

首先，人工智能时代，传统的以教师、知识、书本为中心的课堂模式将被抛弃,而转向个性化教学模式,如学习由被动转向主动,自主性的学习意识增强,每个人都是独特的个体生命,每个人在学习风格、学习偏好、学习方式上都存在较大的差异。个性化教学模式代表了应当在教育工作中尊重学生自身的特点,基于学生自身的特长、爱好以及个性进行因材施教,以学生的需要为根本,智能化学习平台会根据学习者的需求推送所求信息资源,教师会在信息平台的基础上对学生进行必要的帮助,学生也可以进行自主学习。

其次,随着人工智能技术持续走向成熟,智能化教学系统、智能化教学助手将成为学生进行自主学习的强有力的助手。在传统教学模式中,一位教师需要同时对多个学生进行教学,但是在人工智能教育模式中,多位教师同时对一位学生进行教育。智能教学助手的作用十分明显,在智能计算的基础上对学生进行全方位的教学,引导学生进行自主高效的学习,学生的学习效率将会大大提升。

最后,因为人工智能的有效帮助,学生的个性化学习潜能被充分激发,学习过程更加自由和快乐。建立在人工智能技术基础上的课堂教学活动,使得学生从传统的机械记忆、简单的重复性的知识模式中解放出来,课堂的主要目标成为激发学生学习兴趣、培养学生个性化学习的能力。新一代教学模式中,教师将更加关注学习者的个性和需求,借助大数据分析技术,学生的学习过程被全面记录,其学习方式、学习偏好、学习态度等方面将成为重点分析对象,据此建立起个性化的学习方案和计划,推动学生进行个性化学习,从而提升学生的学习成就感和价值感,激发学生进行持续自主学习。

新一代课堂将更加自由,学生可以在其中进行快乐学习,这是未来课堂教学的发展趋势,学生的个性被充分尊重和保护,学生可以在课堂上进行自由自主学习,满足自身对知识的需求,培养出终身学习的良好习惯,成为社会所需要的全面发展的创新型人才。

2. 课程内容定制化

首先,课程内容的开发将走向市场化。互联网平台可以基于学生的爱好和需求向学生推送有针对性的个性化课程,基于互联网技术的在线课程将成为课程发展的主流,作为新职业的网络教师将出现。这种教师的工作将不仅仅限于传授知识和技能,而是提供全面的综合服务,与此相对应的是,部分教师将因此而失业。过往的课程内容模式也出现大规模变化,不再只由学校来制作课程,学校既是课程内容的生产者,同时也是消费者,人人都可以在互联网上进行教育课程内容制作,人人也都可以在互联网上进行学习,十分方便。

其次，在未来，课程资源必会向个性化、共享模式两个方向不断发展。按照教育部门的明确规定，选择性必修课程、选修课程属于共享课程资源，主要采取免费的形式，基本的学习内容由政府买单。根据学习大数据个性化定制的课程资源是真正发展个性的课程资源，完成国家规定的基本课程是学习者必须执行的，除此之外，学习者可以根据自己的个性特点设置和制定自己的课程，因为学习内容比较个性化，所以学生需要付费购买后才能进行收看和学习。

最后，新的智能化学习平台将完全以学生为中心，学生可以在平台上获取智能化的课程内容推荐，根据自身需求选择课程内容。传统教学模式中，线上的课程内容资源比较稀少，但是在智能化学习平台上，课程内容资源将变得十分丰富。学生在某种程度上来说成为消费者，在智能助手的引领下进行学习，根据自身爱好和需求选择需要的课程，换句话讲，学生将能够得到个性化的教育。

3.教师团队化、角色导师化

美国互联网专家曾说，互联网出现后，学生可以在线上自由查询信息，讲台上的教师不再是课堂里最有智慧的，所有人叠加起来的智慧才是整个课堂的魅力所在。

首先，未来人工智能将会在课堂中完成所有对死记硬背的知识的教育过程以及重复性的教育过程，在课堂当中，教师会逐步失去权威信息来源的地位，学习者将能够运用各类线上平台得到自己需要得到的信息。学生可以在互联网上自由查询所需要的信息，知识的获得渠道将变得更加广阔。

其次，教师不再是未来课堂所需要的主要角色，未来课堂需要的是导师。教师角色的转型受知识传播方式的变化所影响，过去以知识讲授为主的教师角色逐渐转变为学生学习活动的设计者和指导者，学习伙伴的关系将会是未来课堂中师生之间的主流模式，未来的教师可以借助大数据技术对学生的学习情况进行分析，重组线上课程，对学生进行个性化教学。换言之，教师主导的讲授教学不再是未来课堂的主要形式，开展学习咨询、指导和答疑解惑的团队形式成为未展趋势，未来的教师在课堂上的主要任务是以引导的角色带领学生进行自主学习。

最后，教师是改变课堂教学模式的核心因素，一般的信息化教学模式当中，教师不仅充当了教育工作的开发者角色，也充当了参与者的角色。在未来的教学模式中，教师需要引导学生学习和掌握新的信息技术，所以教师自身也需要进行自我调整，保持一颗好奇心是教师应具备的基本能力，同时要以终身学习为自身的发展理念，要以勇敢的态度跳出舒适区，敢于接受各种挑战，实现职业转型，调整自身的工作内容。

4. 个性化学业评价

传统教育对于人才的选拔是以分数作为评价学生的唯一标准，而在信息高速发展的新时代，学业评价的方式也不再是以考试为标准作为衡量学生优劣的标准。学生的学习活动可以在各种时空下进行，可以随时进行知识学习和评测，调整自己的学习方法。以简单的分数衡量学生的标准不再是未来的学业评价形式，而是建立在大数据分析基础上展开的个性化学习报告，大数据技术记录了学生学习的各种数据，包括思维逻辑类型、性格特征、动手操作能力、学习风格、学习习惯与偏好、学习者的知识面等内容。大数据技术记录完学生的学习数据后，会与同类学习者进行对比，然后在对比中发现学习者的优势和劣势，发现学习活动中存在的不足，从而提出相应的改善策略，为提升学生的学习质量和效果提供持续支持。

（三）自适应与混合式学习

1. 自适应学习

人工智能时代学习方式变革的标杆是基于互联网、教育大数据应用服务的自适应学习。在自适应学习活动中，学习者将明确自身的学习目标，还拥有与之相应的学习环境、场景、平台。学习者在自主学习模式中既可以进行自主学习，也可以进行自我评估和自我反思，发现自主学习中存在的问题，对这些问题进行完善，不断进行自我优化，最终形成一套完善的自主学习模式。在互联网时代，每个人都是独立自主的个体，每个人都可以根据自身的特点选择适合自己的学习方式，而智能化学习平台的运用，可以帮助学习者早日找到适合自己的学习模式，平台还会根据学习者的学习动态进行数据分析，向学习者推荐合适的学习课程和学习内容。在互联网学习平台上，学习者既可以和教师进行交流或互动，也可以和同一平台的学习伙伴进行交流或互动，在自主交流的过程中，发现并解决自己在学习中遇到的问题，保持良好的学习状态。这样的学习模式就是典型的自主学习模式，学习者需要进行自主学习，学习的反思评价者也是个体本身，同时深度学习的境界会在追求高阶级学习的过程中形成。

学生学习行为和学习方式的颠覆式变革将会在人工智能时代的课堂中产生。自适应学习在学习大数据中，可以对学习者的学习动态进行分析和总结，根据学习者之间的差异为其精准推送个性化的学习内容，保障学习者可以进行自主学习并且能够不断提高学生的创造力、想象力，还可以按照学生的学习水平、风格、爱好、特点和方法等向其推送精准的学习服务，制订出个性化学习方案和策略，帮助学习者进行高效学习。

2. 混合式学习

基于各种互联网基础兴起的新型混合学习模式，将取代传统讲授式教学模式。在未来，随着 5G 新技术的快速发展和普及，适应不同个体的不同场景的智能学习系统将会出现，据此搭建的下一代学习平台也会成型，通过线上和线下的方式，学习者可在两个世界中生活，同时混合式学习原理和要求是每个学习者必须掌握与运用的，在此基础上，混合式学习模式的出现，可以满足学习者个性化的学习需求。基于互联网的教育模式越来越发达，理想的学习方式会是"线上＋线下"的混合式学习，原有的教学形态和教学原理会被互联网教学模式变革，新的教学模式会带来新的教学方法和学习方法。传统的课堂组织形式将会过时，新的课堂形式将会出现，基于互联网的新课堂模式重在向学生传递新知识，学生依靠互联网获得自己需要的信息。在课堂当中，教师需要做的则是帮助学生步入探索式学习的过程，组织学生进行讨论和合作。在线教育给予了学生更大的学习空间和更多样的学习方法，学生可以在平台上参与多种多样的学习模式，平台通过大数据技术还会对学生的学习动态进行记录和分析，最终形成混合式和个性化学习模式。在未来，人工智能技术将被大范围应用到教育领域，学校和课堂将与人工智能充分结合，新时代的教学模式将会朝着网络化、数字化、个性化发展，学生接受基于人工智能的个性化教学，创新能力会有极大的提升。在课堂上，学生将有机会完成深入的自主探索、学习，"线上＋线下"的混合式学习时代即将到来，学生在自适应平台接受个性化教育，个性将得到全面发展。

参考文献

［1］薛天祥，唐玉光.高等教育管理学［M］.桂林：广西师范大学出版社，2001.

［2］催小屹，韩青.用数据说话：大数据时代的管理实践［M］.北京：北京大学出版社，2013.

［3］李彦宏.智能革命：迎接人工智能时代的社会、经济与文化革命［M］.北京：中信出版集团，2017.

［4］鲁斌，刘丽，李继荣，等.人工智能及应用［M］.北京：清华大学出版社，2017.

［5］杨现民，陈耀华.信息时代智慧教育研究［M］.上海：上海交通大学出版社，2013.

［6］王作冰.人工智能时代的教育革命［M］.北京：北京联合出版公司，2017.

［7］钟启泉，汪霞，王文静.课程与教学概论［M］.上海：华东师范大学出版社，2004.

［8］王运武，于长虹.智慧校园：实现智慧教育的必由之路［M］.北京：电子工业出版社，2016.

［9］陈玉琨，田爱丽.慕课与翻转课堂导论［M］.上海：华东师范大学出版社，2014.

［10］李鸣华.人工智能及其教育应用［M］.北京：科学出版社，2008.

［11］李昕，荆永君，王鹏.智能授导系统中的教学策略研究［J］.中国电化教育，2012（10）：126-130.

［12］卢立珏.高校教学管理信息化问题初探［J］.中国高教研究，2004（1）：85-86.

［13］陈晓东.构建校园公共教育平台 实现高校信息化的管理创新［J］.实验技术与管理，2004，21（5）：43-46.

［14］姜辉，许鑫.数字化校园建设的问题及对策［J］.淮阴师范学院学报（哲学社会科学版），2004（5）：581-584.

［15］唐烨伟，郭丽婷，解月光，等.基于教育人工智能支持下的 STEM 跨学科融合模式研究［J］.中国电化教育，2017（8）：46-52.

［16］王帆.从智慧教育视角论教育数据的变迁与潜能［J］.中国电化教育，2015（8）：10-15.

［17］吴晓如，王政.人工智能教育应用的发展趋势与实践案例［J］.现代教育技术，2018，28（2）：5-11.

［18］梁迎丽，刘陈.人工智能教育应用的现状分析、典型特征与发展趋势［J］.中国电化教育，2018（3）：24-30.

［19］陈晓珊.人工智能时代重新反思教育的本质［J］.现代教育技术，2018，28（1）：31-37.

［20］任友群.教育治理视角下的教育管理信息化顶层设计［J］.中国教育信息化，2014（18）：21-25.

［21］谭荣华.从诺兰模型和米歇模型看我国税务信息化的发展阶段［J］.涉外税务，2003（2）：7-8.赵永磊.高校教学管理信息化的现状与对策［J］.管理观察，2014（35）：146-147.

［22］杜东菊，邵海龙.高校教学管理信息化的研究与实践［J］.农业网络信息，2014（12）：132-133.

［23］崔丽英.高校教学管理信息化建设的实践与思考［J］.吉林省经济管理干部学院学报，2016，30（1）：74-76.

［24］杨鏖丞，余颖秋.高等学校研究生教育管理信息化建设策略分析［J］.教育现代化，2019，6（90）：283-284.

［25］彭淋涛.高校教育管理信息化的体系建设分析［J］.中外企业家，2019（27）：203.

［26］佟艳芬.大数据时代高等教育管理信息化建设途径探讨［J］.智库时代，2019（24）：4-5.

［27］张双.信息技术环境下教学变革研究［D］.长沙：湖南师范大学，2011.

［28］王蔚.智慧型课程设计研究［D］.徐州：江苏师范大学，2017.

［29］华璐璐.人工智能促进教学变革研究［D］.徐州：江苏师范大学，2018.